발로 뛴 선교 이야기

땅끝에서 부르는 소리

허원구 지음

쿰란출판사

추천사

'오직 예수' 외치는 '복음 일꾼'

　허원구 목사는 내가 아끼고 사랑하는 제자 중 한 사람입니다. 1974년 9월 장로회신학대학교 전임교수로 부임했을 때 허원구 목사는 당시 장로회신학대학교 대학부 기독교교육과 학생이었습니다. 학생 허원구의 모습은 훤칠한 키와 좌중을 압도하는 탁트인 음성, 만날 때마다 환한 웃음을 띤 밝은 표정에 패기 넘치는 든든한 모습이었고 신뢰감을 주는 성실한 학생일 뿐만 아니라 남달리 선교의 열정을 지닌 신학도의 모습이었음을 지금도 기억하고 있습니다. 그는 대학과 신학대학원을 졸업한 후 '땅 끝에서 부르는 하나님의 음성'을 믿음으로 응답하여 칠레 선교사로 떠나 9년간 성공적인 선교 사역에 충성스럽게 헌신했습니다. 그가 쓴 《땅 끝에서 부르는 소리》를 읽으면서 그가 칠레에서 활동한 선교 사역의 일면을 감동 깊이 엿볼 수 있었고, 나는 그가 평소 기도로 단련한 긍정적 사고와 영혼을 사랑하는 뜨거운 가슴을 지니고 '오직 예수', '오직 믿음'을 외치는 복음의 일꾼임을 확인할 수 있었습니다.

　지난해 장로회신학대학교에서 훈련받고 있던 선교사 후보생들을 인솔해 허 목사가 6년간 섬기고 있는 산성교회를 방문하여 함께 예배를 드린 적이 있습니다. 그날 예배 시간은 물론이고 교회의 분위기를 살피면서 나는 허 목사의 선교 열정이 그의 목회 활동 전반에 걸쳐 스며들어 있음을 보고 크게 도전을 받았습니다. 목회활동 중에도 못 다한 해외 선교의 사명 수행을 위해 중남미 선교회를 조직해서 선교사를 파송하는 일에 앞장서는 그의 면모를 지켜보면서, 허 목사는 예나 지금이나 주 예수로부터 받은 사명 곧 '복음' 사역에 충성스럽게 최선의 헌신을 다하는 그리스도의 진정한 제자임을 칭찬하고 싶습니다. 그래서 나는 허원구 목사를 좋아합니다.

　산성교회 창립 50주년을 기념하면서 때맞추어 선교사로서, 목회자로서 '오직 복음'을 위해 헌신해 온 허 목사 자신의 이야기들을 그동안 강단에서 선포한 설교들과 함께 글로 정리해서 책으로 출간하게 된다는 소식을 접하고 매우 기뻤습니다. 왜냐하면 그를 통해 일하신 하나님의 은혜로우신 말씀의 역사가 독자들에게 감동 있게 전달되리라 믿기 때문입니다.

아울러 산성교회의 발전되어 가는 모습에 에벤에셀 하나님의 도우심을 인해 찬양과 영광을 주님께 드립니다. 지상의 교회는 우리의 눈으로 볼 수 있는 인간 역사 속에 자리한 그리스도의 신령한 몸이요, 하나님 나라의 현존입니다. 그리고 지금도 그리스도의 성육신의 연장선상에서 그의 몸인 교회를 통해 예수 그리스도는 자신을 나타내시며 하나님 나라의 구현을 위해 일하고 계십니다.

 바라건대, 산성교회가 현재 자리하고 있는 시간과 공간, 문화와 역사 속에서, 안으로는 교회가 지닌 복음의 정체성과 공동체의 성을 활성화하고, 밖으로는 지역사회 속에 그리스도께서 주도하시는 하나님 나라의 문화(생명의 존귀성 · 나눔과 섬김 · 용서와 화해 · 정의와 평화 · 창조질서의 보전) 형성에 앞장서면서 지구촌 선교의 사명을 감당하는 성숙한 교회로 우뚝 서기를 기원합니다.

2007년 11월 1일
장로회신학대학교 전 총장
고 용 수

추천사

원리에 충실하고 진솔한 목회자

　다년간 선교사로서 헌신하셨고 또 목회를 이렇게 알차게 하시는 분을 나는 아직 본 적이 없습니다. 허 목사님을 만나면 불타는 복음의 열정을 보게 됩니다. 그는 끊임없이 타오르는 활화산 같습니다. 그런가 하면 원리에 충실하려고 하는 정직하고 진솔한 목회자로서 언제나 매력을 지닌 목사님이시기에, 만나면 그렇게 좋고 행복할 수가 없습니다.
　우리 목회자는 자칫 잘못하면 목회를 비즈니스 식으로, 단지 교회를 성장시키는 데만 초점을 맞추려는 유혹을 받을 때가 많습니다. 그래서 성상을 위해서 수단과 방법을 가리지 않는 어리석음을 범하게 됩니다. 하지만, 허 목사님은 선교현장이나 목회 현장을 통해 원리에 충실한 목회관을 철저히 보여줍니다.

　경기도 여주에서 처음 목회할 때나 칠레 선교현장에서 선교할 때나 인간관계로 부딪힐 수 있는 여지가 많았음에도 원리를 붙잡고 자신을 쳐 복종시켜 '아브라함이 이삭을 바치는 심정'으로 자신을 십자가에 못 박는 현장이 있었기에 오늘날 하나님 앞에서 이렇게 멋지게 쓰임을 받고 있음을 보게 됩니다. 그는 '용서학을 이수했노라'고 고백하기도 했습니다.

지금도 전통 기성교회 목사로서 나와 같은 입장에 있기에 특별한 관심으로 보아오면서 '역시 원리에 충실하니까 열매가 풍성하구나' 하는 것을 보게 됩니다. 또 얼마나 정직하고 진솔한지 당신이 추구하는 제자훈련 목회철학을 접목하면서 안수도 받지 않은 스테프와 함께 파트너십을 이루어 사역해 나가는 모습은 그렇게 아름다울 수가 없었습니다.

뿐만 아니라, 대부분의 목회자들이 가르치는 데는 익숙해 있어서 배우거나 다른 교회 사역을 모방하는 것을 매우 꺼리고, 도입하더라도 결코 공개하지 않는 경우가 많은데, 허 목사님은 당회원(장로님) 앞에서 '이것은 제가 한 것이 아닙니다. 다 배워서 한 것입니다' 라고 진솔하게 밝히는 겸손한 자세를 견지하고 있습니다. 그는 결코 쉽지 않은 자세를 목회현장에서 지켜나가고 있는 것입니다.

하나님은 진실하고 정직하여 투명한 종을 사용한다고 봅니다.

이번에 《땅 끝에서 부르는 소리》라는 제하의 책을 펴냄을 감사히 생각합니다. 설교집은 많으나 이런 목회 수상집은 드물다고 생각합니다. 또 부산을 성시화하는데 견인차 역할을 할 것을 기대해 마지않습니다. 바라건대, 많은 성도들이 이 책을 통해 많은 은혜를 받고, 동역자들이 많은 도전과 도움을 입게 될 것이라고 확신합니다.

2007년 11월 1일
호산나교회 담임목사
최 홍 준

들어가면서

주님 맡기신 일 땅 끝마다 심으리

사람에게 있어서 가장 중요한 순간은 자신의 사명을 깨닫는 순간이다. 그러나 그것보다 더 중요한 순간은 사명을 위하여 자신을 던질 때이다. 행복은 바로 이 사명감에서 비롯한다. 내가 하나님께 부르심을 받았다는 것을 느낄 때 맛보는 행복감은 참으로 크다. 그러나 내가 하나님이 보내신 그곳에 있다는 것을 확신할 때 온몸으로 느끼는 행복감은 세상 어떤 것과 비교할 수 없다.

하나님께서 불신 가정의 나를 불러주시고 목사로 기름 부어 세우셨다. 안수받을 때의 그 감격을 지금도 생생히 기억하고 있다. 맨 처음 경기도 여주에서 개척 목회를 할 때 바로 그곳이 보내신 곳이라는 것을 발견하며, 행복한 목회를 했다.

4년 후 하나님께서 나를 땅 끝 칠레로 보내실 때 나는 또 한 번 감격했다. 주님이 나를 불러 다시 선교사로 세우셨다는 감격과 함께 땅 끝으로 갔고, 많은 어려움이 있었지만 주님은 나에

게 그곳이 거룩한 땅이라고 말씀하셨다. 모세가 부름을 받던 호렙산 그곳이 거룩한 땅이었듯이 땅 끝 칠레 땅은 나의 거룩한 땅이었다. 칠레 선교사로서의 부르심을 통해 만 9년의 사역 기간 동안 주님이 명하는 것을 힘을 다해 감당하고, 주님이 맡기신 일을 이루어 냈다.

그러나 칠레 선교사 마지막 1년 동안 말씀 묵상을 통해 주님은 새로운 사명을 나에게 말씀하셨다. 그리고 그 말씀에 순종하여 새로운 사명이 기다리고 있는 한국으로 다시 돌아오게 되었다. 그리고 지난 꿈 같은 10년 동안 주님께서 보내신 곳에서, 주님께서 원하는 일을 하는 큰 기쁨을 누리며 행복한 목회를 하고 있다. 귀한 성도님들을 만났고, 귀한 장로님들을 만났으며, 귀한 동역자들을 만났다. 내가 늘 강조하는 목회의 제1조는 '행복하게 하는 목회'인데 사실 제일 행복한 사람은 바로 담임목사인 나였다.

이 책은 '땅 끝에서 부르는 소리'를 듣고 땅 끝까지 갔다가 다시 땅 끝의 부름을 받고, 땅 끝으로 돌아와서 온 교회와 함께 땅 끝으로 향하는 사역에 대한 기록이다. 목회한 지 10년째, 벌써 온 성도는 예수님께서 바라보셨던 세계를 바라보게 되었고, 단독 선교사를 42호나 파송하는 놀라운 기적을 이루었다. 모두가 선교에 대한 비전을 품고 선교에 집중하고 있으며, 이 일은 하나님의 나라가 이 땅 위에 이루어질 때까지 계속될 것이다.

항상 부족한 종을 사랑과 순종으로 섬겨 주시는 존경하는 장로님들, 사랑하는 성도님들에게 깊은 감사를 드린다. 그리고 지금까지 좋은 동역자로서 어려움과 고통의 골짜기에서도 묵묵히 함께 해준 아내와 늘 좋은 친구같이 목사의 자녀가 된 것을 자랑스럽게 여기는 경원과 성진에게 사랑을 전한다.

특히 늦게 부름을 받아 지금은 몽골 선교사로 파송받은 허석구 목사님 내외분과 바쁜 중에도 귀한 추천사를 써 주신 장로회신학대학교 고용수 전 총장님, 늘 곁에서 위로와 격려를 아끼지 않으시며 기꺼이 멘토가 되어 주신 호산나교회 최홍준 목사님께 감사를 드린다.

2007년 가을
지은이

차례

추천사 · 고용수(장로회신학대학교 전 총장)_2
추천사 · 최홍준(호산나교회 담임목사)_5
들어가면서_8

1장 땅 끝에서 부르는 소리

안데스 산을 넘으며 *18*
선교헌신에로의 부르심 (1) *20*
선교훈련에로의 부르심 (2) *22*
땅 끝에서의 부름 *27*
첫눈 오는 그날 아침 *29*
땅 끝을 향하여 *31*
주님의 이름으로 문안드립니다 *33*
적응, 그 고달픈 과정 *36*
선교는 가슴으로 *40*
내가 너희와 항상 함께 있으리라 *42*
비자 귀신과 비자 그란 *44*
원주민 속으로-선교본부 교회의 개척 *49*
매 맞고 쫓겨난 남자 *51*
기도해 주셔서 감사합니다 *53*

차례

새벽을 깨우라 55
숨질 때 되도록 58
목사님이 오시지 않았더라면 60
가장 큰 기적 62
위기는 기회 66
글자가 사람 죽입니다 70
정전된 날 밤의 가장 밝은 빛 72
땅 끝에서 듣는 '제비' 76
기도할 사람은 바로 너다! 78
꿈을 꾸면서 80
내가 하는 일을 네가 보리라 82
이상한 흥정 84
반석에서 샘물 나리라 86
만나의 나라에서 어떻게 건축을? 88
비야 멈추어라 90
스텐바이 티켓의 추억 92
임마누엘 기독교 학교 봉헌식 날 94
안식년을 얻고 96
천국의 축소판 98
내가 돌아갈 때까지 100

부루투스 너까지냐? *102*
넘겨주는 고통 *105*
만남, 그 신비로운 사건 *107*
다시 땅 끝에서 부르는 소리 *110*
칠레를 떠나면서 *112*

2장 **땅 끝으로 돌아오다**

오오, 낙동강 *118*
목자의 실존-허원구 목사 위임식에 즈음하여 *119*
어디부터 시작할 것인가 *121*
새로운 문화 충격 *123*
예배갱신 *125*
청년을 붙잡으라 *129*
청년아 일어나라! *132*
저녁으로 돌아가다 *137*
제자훈련-교회를 세우는 기둥 *140*
새 생명 축제-한 생명 돌아보고 한 생명 구원하자 *144*
매주일 옥동자 낳기 *146*

차례

지역 사회를 섬기며 *148*
가지 마오 가지 마오 *150*
대연동의 잠 못 이루는 밤 *153*

3장 다시 땅 끝을 향하여

땅 끝을 향하게 하는 목회 *158*
일본 단기선교—Love Japan에 즈음하여 *161*
태국 단기선교—고지를 바라보며 *163*
나팔 부는 노인 *165*
뒷줄에 선 사람들—온두라스 원주민 선교 여행기 *168*
프랑스 코스타 *172*
중국 선교의 교두보 H교회 *175*
비석에 남길 업적 *178*
황제의 길 *180*
왕의 죽음, 나의 죽음 *182*
백옥보좌 *184*
꺼지지 않는 촛불 *186*

왕의 죽음, 백성의 고통 *187*
죽음의 빗장 *188*
하룻밤을 자도 만리장성을 쌓는다 *190*
만리장성도 돌 한 개부터 *192*
맹강녀의 전설 *194*
중국인의 인내 *196*
천안문 광장 *198*
땅 끝에서의 초대—칠레 선교 집회 *200*

4장 땅 끝의 묵상(기독교 신문에 연재한 글 모음)

선교에는 구조조정이 있을 수 없다 *206*
아름다운 발 *208*
책임지시는 하나님 *212*
그리스도의 지상명령—제자 만들기— *215*
잃은 양 한 마리를 찾는 교사 *218*
목사님, 저희에게 화나셨습니까? *221*
부산 성시화 운동 발족 *224*

차례

새 천년은 새로운 표정과 함께 227
부활을 꿈꾸는 봄 230
황사가 날아오는 계절 233
새 포도주를 담을 새 부대를 236
어버이날을 맞이하며 240
시민단체의 선거 낙선 운동 243
미지의 땅에 착륙하는 마음 247
러브호텔 공화국 250

5장 남미선교
(1992년 미국 시카고 세계선교대회에서 발표한 글)

남미 선교의 어제·오늘·내일 254
  (1992년 미국 시카고 세계선교대회 발표문)
정복과 박탈의 땅, 남미 257
남미 가톨릭의 현주소 262
남미 개신교회의 현황 269
남미 선교의 과제 277

1장
땅 끝에서 부르는 소리

안데스 산을 넘으며

"SI VAS PARA CHILE(칠레에 가시거든 내님 살고 있는 마을에 들러 주십시오)."

유명한 칠레의 민요가 산티아고 공항에 가득 찼다. 10여 년 동안 정들었던 원주민 성도들이 내가 좋아하던 노래를 기타와 함께 연주하고 있다. 그들의 눈에는 눈물이 가득하다. 한 사람씩 포옹하며 작별의 키스를 했다. 뺨을 마주치며 소리를 내는 남미식 입맞춤도 이제는 옛 기억 속으로 사라질테지. "빠스똘 노 노스 올비데(목사님, 우리들을 잊지 마십시오)." 한마디씩 남기는 말 속에 사랑이 가득하다. 이들은 내 부모, 형제, 친구들을 버림으로 얻은 나의 새로운 형제요, 친구들이었다. 이제 다시 이들을 떠나서 지구의 끝으로 간다. 새로운 형제들이 기다리고 있는 한국으로 간다. 이들은 나에게 송별예배 대신 파송예배를 드려 주었다. 새로운 사명과 도전이 있는 것을 알기 때문이다. 이들의 얼굴 위에 9년 전 김포공항에 서 있던 사랑하던 사람들의 모습이 오버랩 된다. 주님은 나를 땅 끝에서 이곳 땅 끝으로 보내셨고, 일을 마친 후에 다시 땅 끝으로 보내 주시는 것이다. 공항 문이 닫힐 때까지 손을 흔들고 있던 성도들을 뒤로하고 비행기는 눈덮힌 안데스 산맥을 넘어 간다. 무수히 넘었던 이 산을 이제 마지막으로 넘는다. 창 밖에 펼쳐지는 만년설을 보며 지나간 시간들을 회상한다. 땅 끝에서 부르는 소리를 듣고 이곳까지 왔다가 다시 땅 끝에서 부르는 소리를 듣고 그곳으로 가는 동안 얼마나 많은 고개들을 넘어 왔던가. 나는 필름을 거꾸로 돌리는 영사 기사처럼 내 기억 속의 필름을 천천히 뒤로 돌리고 있었다.

선교 헌신에로의 부르심 (1)

"오늘 여기 오신 분 중에서 선교사로 헌신하기를 원하는 분은 손을 들어 주십시오."

한 선교 집회에서 강사는 한 시간 이상 설교한 후 선교 초청을 했다. 나는 어찌할 수 없는 힘에 이끌려 손을 들었고 앞으로 나갔다. 그 무렵 나는 질병에서 회복되어 건강을 찾았고 하나님은 나에게 새로운 도전을 주신 것이다. 나는 울면서 기도했다. "주님, 내가 여기 있습니다. 나를 보내소서."

불신 가정에서 태어났지만 일곱 살 때부터 교회를 다녔고 목회자의 소명을 받아 신학대학을 마치고 신학대학원 입학을 기다리고 있었던 터라 이 부름은 나에게 새로운 방향을 설정해 주는 부름이 되었다.

드디어 고난과 연단의 5년이 지나가고 1981년 3월 장로회신학대학교 신학대학원에 진학했다. 바쁘고 힘겨운 학업이 계속되는 동안 나는 이 전에 결심했던 선교 헌신을 점점 잊어 가고 있었다. 졸업 후 서울 영동교회의 전임 전도사로 부임했다. 그 교회는 재정의 60%를 선교비로 사용하는 모범적인 교회였다. 그 당시 상당한 교세를 가졌음에도 톱밥 난로를 사용할 정도로 절약했다. 그런데 교육 전도사를 쓰는 것도 아까워 전임 전도사인 나에게 모든 부서를 다 맡겨서 주일에는 각 부서를 돌며 다섯 번이나 설교를 해야 했다. 거기에다가 저녁예배 설교, 새벽기도, 철야기도에 심방까지 다 해야 하는 혹독한(?) 훈련을 받았다. 어떤 날은 하루에 서른 가정을 심방하는 기록을 세우기도 했다.

그런데 그 즈음 총회에서는 나와 관련된 한 가지 사안이 결정되었다. 목사 안수의 조건으로 단독 목회를 2년 이상 해야 한다는 것이었다. 지금까지 별일 없다가 하필 내가 안수 받으려는데 이런 악법(?)이 생기다니! 그러나 서울에서 성경교사 등을 하며 적당히 넘기면 조건을 만족시킬 수 있는 길이 있음을 알고 그렇게 하기로 했다.

선교 훈련에로의 부르심 (2)

그러던 어느 날 대학 동창으로부터 한 통의 전화를 받았다. 경기도 여주에 개척된 지 일 년 된 교회가 있는데 가 볼 의향이 있느냐는 것이었다. 나는 첫마디에 거절했다. 신학교를 졸업할 때 "부름 받아 나선 이 몸 어디든지 가오리다"라고 다짐했지만 시골 교회 목사는 되기 싫었던 것이다. 막무가내로 강권하는 요청에 못 이겨 한 번 방문하기로 했다. 한적한 여주 읍내의 허름한 2층에 전세를 들어 개척한, 전망이 안 보이는 교회였다. 가지 않기로 마음을 먹고 서울로 돌아왔다.

그런데 이상한 현상이 나타났다. 식사를 할 수 없게 된 것이었다. 몸에는 아무런 이상이 없는데 입으로는 어떤 음식도 통과하지 않았다. 하나님께서 내 입을 막으신 것이다. 3일 동안 고통을 당한 후에야 나는 하나님께 항복할 수밖에 없었다. "주님, 가라고 하시면 가겠나이다." 신기하게도 이 기도와 함께 내 식욕은 회복되어 전과 같이 먹을 수 있었다.

이삿짐을 실은 트럭이 경기도 여주에 도착한 것은 코스모스가 만발한 늦가을이었다. 고개 숙인 여주 벼들이 우리를 환영해 주었다. 첫예배 시간에 참석한 교인은 두 사람이 전부였다. 고등학생 한 명과 주부 한 명이었다. 맥빠진 예배를 마친 나는 마음속으로 의무 기한인 2년만 지나면 떠날 것을 다짐했다. 바라보고 있는 주전자는 더디 끓는다는 서양 속담처럼 시간은 너무도 지루하게 흘러갔다.

그러던 어느 날 서울 영락교회에서 농어촌교회 교역자 수련회가 열렸다. 남는 게 시간이었던 나는 그곳에 참여했다. 숙소에는 2인이 한 방을 쓰는데 내 룸메이트는 나보다 훨씬 더 시골에서 온 전도사님이었다. 그는 시골 목회가 만족스러운 듯한 모습이었다. 몸은 시골에 있어도 마음은 시골 목회를 도외시하고 있던 나는 건성으로 그를 대했다. 그러나 시간이 흘러갈수록 점점 그에게 머리가 숙어졌다. 그는 한 마을 전체를 복음화한 기막힌 간증을 가지고 있었다. 한 영혼을 사랑하는 자세는 나보다 훨씬 진실한 사람이었다. 그는 내 마음을 알아차리기라도 한 듯이 내게 말했다. "전도사님, 어서 시골을 떠나가기를 원하시죠. 제가 시골을 떠나는 법을 가르쳐 드릴까요?" 그의 시골 교회 탈출법 강의가 시작되었다.

그는 나에게 한 이야기를 들려주었다. "새장에 갇힌 한 마리 새가 있었답니다. 그는 날마다 푸른 창공을 바라보며 언제 자유롭게 날아갈 수 있을까 하고 기다렸습니다. 어느 날 종달새 한 마리가 새장 밖으로 지나갔습니다. 종달새는 새에게 말합니다.

'친구야, 너도 나처럼 자유롭게 날아가기를 원하지?' '원하고 말고지.' '내가 새장을 벗어 나는 법을 가르쳐 줄까?' '뭐야? 어서 말해.' '죽어. 그러면 너는 새장 밖으로 나올 수 있어.' 이 말을 하고 종달새는 하늘 높이 날아올라갔습니다. 곰곰이 종달새가 한 말의 의미를 생각하고 있던 새는 무엇인가 깨달은 듯 갑자기 죽었습니다. 정확하게 말하면 죽은 시늉을 했습니다. 다음 날 아침 주인이 새장을 들여다보았습니다. '어렵쇼, 이 녀석이 죽었네' 하고는 새장 문을 열어 새를 집어 밖으로 던졌습니다. 바로 그때 죽은 듯이 있던 새는 힘차게 날갯짓을 하며 푸른 하늘 높이 날아올라갔더랍니다." 이야기는 이것으로 충분했다.

그 순간 내 마음속에 강한 주님의 음성이 들려 왔다. "네가 죽으면 살 수 있다. 내가 너를 거기 보냈으니 너는 그곳에서 죽어라. 너의 뒷일은 내가 책임지마." 집으로 돌아온 나는 아내에게 말했다. "여보, 나는 여기서 죽기로 했소. 어디에서 나를 불러도 나는 가지 않을 것이오." 우리는 처음으로 우리의 마음도 풀고 짐도 풀었다.

우리가 짐을 풀자 교회는 부흥하기 시작했다. 어느덧 30명의 성도가 모이게 되었다. 그날도 설교 준비를 모두 마쳤는데 주님이 마음속으로 물으셨다.

"이번 주일에 무슨 설교를 할 것인가?"

"예, 주님. 좋은 설교가 준비되었습니다."

"이번 주일에는 세계 선교에 대한 설교를 하도록 하라."

"주님, 세계 선교라니요. 우리 교회 성도는 가난하고 배운 것이 많지 못합니다. 게다가 겨우 30명뿐입니다."

"내가 시키는 대로 전하면 뒷일은 내가 책임지겠노라."

그래서 설교 준비를 다시 했다. 다음 주일 나는 힘있게 세계 선교에 관한 설교를 하며 성도들에게 도전했다. 성도들은 의아해하며 설교를 경청했다. 설교를 마친 후 한 집사님이 말했다. "목사님, 제가 오늘 새벽 기도 시간에 똑같은 주님의 음성을 들었습니다. 우리가 선교하면 주님이 우리를 축복해 주실 것입니다."

그 후 우리는 선교회를 조직했고 해외 선교지 한 곳과 국내 선교지 한 곳을 정하여 매월 지원하기 시작했다. 1년 뒤에 놀랍게도 교회는 배가했다. 성도들은 놀라운 속도로 선교 의식화되어 가기 시작했다. 과수원을 하는 한 집사님은 "목사님, 지구가 손바닥만하게 느껴져요"라고 말씀하셨다.

다음 해에는 지원을 배로 늘렸다. 교회는 다시 배가했다. 계속해서 성도들에게 주는 훈련을 시켰다. 성미를 모아 시골 교회 목회자들을 도왔고 선교용 오토바이를 사 주었다. 가을걷이가 끝나면 교인들을 차에 싣고 후원하고 있는 교회들을 찾아가서 선물을 주며 교역자들을 격려했다.

우리가 이렇게 하나님의 나라와 그분의 일에 몰두하고 있는 동안 하나님은 우리의 모든 일들을 책임져 주셔서 15인용과 25인용 승합차를 주셨다. 세들어 있던 건물 주인으로부터 한겨울에 쫓겨나게 되었을 때 주님은 우리의 기도를 들으시고 40일 만에 여주 중심부에 있는 전도관을 빚 없이 살 수 있도록 해 주셨다. 노회에도 자립을 선포하고 자립예배를 드렸다.

고대 병원이 생겼을 때도 기도하던 대로 신우회를 조직하여 병원 선교에 임할 수 있었고 간호사들과 의사들이 교회에 나오기 시작했다. '금강유리'가 터를 닦을 때부터 기도하던 대로 그곳에 들어가서 신우회를 조직할 수 있었고 직원들을 교회로 인도했다.

이미 교회는 더 이상 시골 교회가 아니었다. 세계를 위해 기도하고 선교하는 교회, 구제하기를 즐겨하는 교회, 받는 것을 스스로 거절하고 주기를 기뻐하는 교회로 변모해 갔다.

땅 끝에서의 부름

교회가 이처럼 왕성하게 부흥하고 있던 즈음 새벽마다 어떤 성도가 반복해서 기도하는 소리가 들려왔다. "하나님, 우리 목사님이 어서 선교사로 나가게 해 주십시오." 이 기도를 듣는 순간 내 마음에 시험이 되었다. 마치 내가 싫어져서 그런 기도를 하고 있다는 느낌이 들었다.

그러던 어느 날 김포공항에서 한 통의 전화가 걸려 왔다. 칠레 선교사로 있던 임순삼 목사였다. 그가 급히 나를 찾고 있었다. 공항에서 그를 만났다. 그는 곧 칠레를 떠나야 하는데 자기를 대신하여 칠레에 와 줄 것을 부탁했다. 그 순간 잊어버렸던 그 날의 선교 헌신이 기억났다. 틀림없는 주님이 부르시는 음성이었다. "주여 내가 여기 있나이다. 나를 보내소서!" 다시 새롭게 헌신했을 때 하나님은 다른 모든 문제를 해결해 주셨다. 훌륭한 후임자를 보내셨고 좋은 후원 교회를 만나게 하셨으며 총회의 인선도 통과하게 해 주셨다. 이제는 성도들에게 알려야 한다. 제직들에게 전화를 걸어 한 음식점에 모이게 했다. 영문을 모르는 제직들은 어리둥절한 모습으로 모였다. 좋은 음식을 대접한 후에 조심스레 입을 열었다.

"집사님들, 제가 항상 말하기를 다른 곳에서 오라고 해도 가지 않겠지만 만약 하나님이 선교사로 보내시거든 저를 기쁘게 파송해 달라고 한 말을 기억하십니까? 지금 주님께서 저를 칠레로 보내기를 원하십니다. 기쁘게 보내 주십시오."

제직들은 울먹이며 말했다.

"주님이 보내신다면 저희도 어찌할 수 없습니다. 가슴이 아프지만 기쁨으로 보내 드려야지요."

성도들은 송별예배 대신에 파송예배를 드려 주었다. 성도들은 그들의 사랑과 기도의 약속이 담겨 있는 금반지를 우리들의 손에 끼워 주었다.

울부짖는 성도들을 뒤로 하고 우리는 4년 만에 여주를 떠나서 주님이 새롭게 보내시는 땅 끝으로 향했다. 돌이켜 보면 주님은 우리를 여주로 보내셔서 선교 전지훈련을 시켜 주셨다. 이 4년에 겪은 모든 일이 선교지에서도 그대로 일어난 것을 보고 하나님의 섬세하심을 찬양했다.

첫눈 오는 그날 아침

1987년 11월 29일, 아침부터 서울에는 첫눈이 오고 있었다. 오늘 우리는 이 땅을 떠나 땅 끝으로 가야 한다. 아침 일찍 일어난 나의 마음은 몹시도 착잡했다. 내 마음 그대로 주님께 아뢰었다. "주님, 제 마음을 아시지요. 제 마음이 허전하고 착잡합니다. 위로해 주세요. 그리고 격려해 주세요." 그때 주님은 나에게 생생한 말씀을 주셨다.

"나 여호와가 의로 너를 불렀은즉 내가 네 손을 잡아 너를 보호하며 너를 세워 백성의 언약과 이방의 빛이 되게 하리니 네가 소경의 눈을 밝히며 갇힌 자를 옥에서 이끌어 내며 흑암에 처한 자를 간에서 나오게 하리라"(사 42:6~7).

주님이 나를 부르셨다는 말씀이었다. 그 주님이 나와 함께 가시겠다니 얼마나 감격스러운가! 내가 만날 땅 끝 백성들의 빛이 되며 그들에게 복음으로 자유하게 하는 사역을 하게 될 것이라는 놀라운 격려의 말씀이었다. 이 말씀을 붙들고 공항으로 향했다. 공항에는 많은 사람들이 나와 있었다. 눈물 짓고 있는 어머니와 장모님을 보기가 가슴 아팠다.

  시간이 되어 입국 수속을 밟기 위해 안으로 들어가야 하는데 철부지 세 살배기 성진이는 할머니와 떨어지기 싫어서 바닥에 드러누워 가지 않겠다고 떼를 썼다. 이 광경을 보고 사람들은 눈시울을 붉혔다. 애절한 환송 분위기를 연출해 내는 성진이는 어릴 때부터 연기력이 너무 뛰어났던 것은 아닐까? 다시 볼 수 없을지도 모르는 그리운 얼굴들을 뒤로 하고 우리는 출국 심사대로 들어갔다.

땅 끝을 향하여

지루한 33시간의 여행이 계속되었다. 낮과 밤이 뒤바뀌기를 몇 차례, 드디어 우리가 탄 비행기는 한국의 땅 끝인 칠레 산티아고 공항에 도착했다. 한국을 떠날 때는 두터운 겨울옷을 입었는데 이곳은 무더운 한여름이었다. 비행기 안에서 여름옷으로 갈아입고 트랩을 내려 처음으로 칠레 땅을 밟았다. 진한 감동이 밀려 왔다. 이 땅이 바로 하나님이 나를 보내신 그 땅 끝이라니!

"주여, 이 땅에 복을 주소서! 칠레 민족을 뜨겁게 사랑하게 하소서. 이 민족에게 복을 주소서."

나는 기도하면서 공항으로 나갔다. 그런데 아무리 기다려도 우리 짐이 나오지 않았다. 다른 사람이 짐을 다 찾은 후에 제일 마지막으로 우리 짐이 나왔는데 아무래도 이상해 보였다. 짐이 모두 훌쭉해진 것이었다. 열어 보았더니 공항 직원들이 벌써 쓸

만한 옷가지들을 다 챙긴 것이었다. 환영인사 치고는 근사한 인사였다. 주기 위하여 여기 왔으니 입국 때부터 주는 훈련을 했다고 생각하니 마음이 홀가분했다. 그 후에도 몇 번이나 이런 식의 일을 당했으니 이 일은 예행연습에 불과했다.

주님의 이름으로 문안드립니다

　김포 비행장을 떠나던 날은 눈발이 흩날리던 겨울의 문턱이었는데, 이곳은 한 계절이 앞당겨진 여름입니다. 여러분들의 뜨거운 기도와 눈물의 송별을 뒤로 한 채 고국을 떠난 저희 가족은 30여 시간의 지루한 여행 끝에 로스앤젤레스, 마이애미, 아르헨티나를 거쳐 29일 오후 2시경에야 하나님께서 제게 명하신 땅 끝인 이곳 칠레 땅에 도착할 수 있었습니다. 이미 로스앤젤레스에서 여름옷으로 바꿔 입었지만 확 하고 다기오는 열풍에 이곳이 이국임을 느꼈습니다. 그리고 짐을 찾는 동안 어느 사이에 누군가 물건을 빼내 홀쭉해진 가방을 보면서 우리가 바로 남미 땅에 와 있음을 실감할 수 있었습니다.
　산티아고 공항에는 오전 예배를 마친 칠레 영락교회 성도들이 우리를 기다리고 있었습니다. 그들의 환한 얼굴들을 대하는 순간 모든 여독이 한꺼번에 사라지는 것 같았습니다.

  저보다 한 달 먼저 도착한 최 목사님은 이미 이곳에 적응하신 듯 여유 있고 건강해 보였으며, 얼떨떨한 우리를 친절하게 안내해 주셨습니다. 서로에게 큰 기쁨과 위로가 될 수 있는 협력선교를 구상한 영락교회의 배려에 피부로 느끼는 감사가 있었습니다.

  이곳의 주택 사정은 의외로 심각했습니다. 돈을 주고도 얻을 집이 없는지라 아직 일부 가족이 남아 있는 임순삼 목사님의 집에 그대로 살기로 결정했습니다. 집을 정리하는 동안 5일간 최 목사님의 신세를 진 후 지난 목요일에 이사하여 새로운 생활을 시작했습니다.

  우선 언어 문제가 시급하므로 미문화원에 등록하여 배우기를 시작했고 내일부터는 원주민 한 명을 상주시키면서 본격적인 어학 수업에 들어가려고 합니다.

  기도해 주시는 힘으로 어학 실력이 나날이 달라지는 것을 느낍니다. 지난 월요일에는 원주민 7교회의 전도사님들을 모두 만나서로 인사를 나누었습니다. 이제 12월 셋째 주일부터 순방이 시작되는데 통역 없이 스페인어로 직접 설교하겠다고 통보하고 지금 준비중인데 많은 기도를 부탁드립니다.

  이곳의 사정은 다음번에 자세히 보고 드리기로 하겠지만 빈부의 차이가 극심하고 미신화된 가톨릭이 대부분이며, 주일날 성경, 찬송을 든 사람을 찾기 힘들 정도로 복음의 황무지임을 느낍니다. 개신교의 비율이 14%라고 하지만 실제는 이보다 훨씬 낮을 것 같습니다.

  희어져 추수하게 된 수많은 영혼들을 바라보는 안타까움을 함께 전합니다.

　가족 모두 건강하고 별다른 무리 없이 잘 적응하고 있습니다. 물이 좋지 못하여 매일 사서 먹어야 하는 불편이 있지만 이것도 곧 적응되리라 봅니다.

　기도의 제목을 드립니다. 항상 기도해 주십시오.
　1. 언어의 능통을 위해서
　2. 12월 셋째 주부터 있는 개척교회 순방과 현지어 설교의 좋은 전달과 많은 은혜를 끼칠 수 있도록
　3. 온 가족의 건강을 위해 – 특히 위장 장애가 없도록
　4. 비자의 원활한 발급을 위해 – 두 달 내에 발급받지 못하면 출국해야 하는 어려움이 있습니다.

　"너희도 우리를 위하여 간구함으로 도우라 이는 우리가 많은 사람의 기도로 얻은 은사를 인하여 많은 사람도 우리를 위하여 감사하게 하려 함이라"(고후 1:11).

　모든 것을 가능하게 해 주시는 하나님의 크신 은혜가 보냄받은 저희와 보내는 여러분 위에 항상 함께하시기를 기원하면서 오늘은 이만 줄입니다.
　"아멘 주 예수여 오시옵소서"(계 22:20)

1987. 12. 9. 남미 칠레에서
허원구, 배남숙.

적응, 그 고달픈 과정

우리 식구들을 환영하는 것이 또 있었다. 바로 칠레 빈대들이었다. 빈대도 낯짝이 있다고 했지만 칠레 빈대는 낯짝도 없었다. 온 동네 빈대들이 수입 고기가 들어왔다는 소문을 들었는지 우리 식구들을 총공략하기 시작했다. 그때부터 새로운 우리 가족 스포츠가 생겼다. 틈만 나면 온몸을 벅벅 긁는 일이었다. 어른들이야 그래도 눈치를 보아 가며 긁지만 아이들은 너무 사정없이 긁어서 온몸이 피투성이가 될 지경이었다. 한참을 긁다 보니 잿더미에 앉아서 기왓장으로 몸을 긁던 욥이 생각났다. 그리고 어린 시절의 기억이 되살아났다. 나는 '조그만 동물(?)'과 더불어 싸웠던 마지막 세대이다. 저녁 식사 후에는 희미한 불빛 아래서 조그만 동물들을 사냥하곤 했다. 양 엄지손톱으로 압력을 가하여 그 동물을 터뜨리면 손톱 위에는 붉은 피가 낭자하는 스릴을 느끼기도 했다. 그런 기억들과 함께 내 입에서는 감사가 나왔다. "하나님, 우리 민족을 전쟁과 가난을 통해서 연단시켜 주시다가 이 마지막 때에 땅 끝까지 복음을 전하는 선교국가로 사용해 주시니 감사합니다." 칠레 빈대는 그 지긋지긋하던 한국의 이보다는 훨씬 신사적이었다. 빈대도 우리에게 식상했던지 얼마 뒤부터는 공격을 중지하고 말았다. 그 뒤 체질을 바꿔 주셔서 빈대 구덩이 속에서 잠들어도 전혀 시달리지 않도록 해 주셨다.

그런데 또 한 가지가 문제였다. 물이 바뀌고 음식이 바뀌자 설사가 찾아왔다. 하루에도 몇 차례씩 요란한 오토바이 소리를 내며 계속되는 설사는 내 몸의 힘을 점점 약하게 했다. 설사가 한 달 동안 계속되자 내 입에서는 아주 실존적인 기도가 나왔다. "주여, 막아(?) 주시옵소서!" 그곳이 막히지 않고서는 선교도 할 수 없었기 때문이다. 다행히도 기도하며 먹은 정로환과 함께 주님은 그곳을 막아 주셨다. 그 후 나는 무엇을 먹어도 다 소화해 낼 수 있는 국제 위장을 가지게 되었다.

그런데 가장 큰 문제가 있었으니 스페인어를 배우는 일이었다. 한국에서 마지막까지 목회를 하다 왔으므로 스페인어를 배울 시간이 없었다. 낫놓고 기역 자도 모르는 것이 아니라 지게 놓고 A자도 모르는 정도였다. 어느 날 길거리의 아이들이 내게 "올라!" 하고 인사했는데 안녕이라는 그 쉬운 뜻도 몰라서 대꾸하지 못한 적도 있었다. 비장한 어학 수업에 들어갔다. 선교훈련 때 배운 대로 단어집을 준비했다. 한 단어를 적어도 백 번 이상씩 반복하며 외웠다. 미대사관 스페인어 반에 등록해서 공부했다. 하루 90분 수업을 위해서 4시간 동안 버스를 타야 하는 고통을 감수했다. 베로니카라는 고등학교 선생을 어학교사로 모셔서 열심히 공부했다. 처음부터 문법과 작문에 치중하면서 강훈련을 시켰다. 틈만 나면 시장이나 거리로 나가서 그날 배운 것을 사용해 보았다. 눈이 빠지도록 텔레비전을 보면서 귀를 열어 갔다.

특히 그 나라에서 방송되는 "꼰도리또"라는 만화는 나의 좋은 어학 선생이었다. 독수리 새끼를 사람처럼 그린 만화인데 남미인들의 유머감각이나 문화를 익힐 수 있는 좋은 교재였다. 문장을 익혀서 좋고, 그들의 문화도 익혀서 좋고, 재미있어서 좋으니 일거 삼득이 아닌가. 처음에는 문화적인 차이로 웃음이 나오지 않았지만, 차차 속에서부터 웃음이 터져 나왔다.

예를 든다면, 주인공인 꼰도리또에게 친구가 찾아와서 자기 장모가 아파서 그러니 좋은 의사를 소개해 달라는 것이다. 꼰도리또는 아무개 의사는 절대로 찾아가지 말라고 한다. 실력이 없느냐고 물었더니 그렇지 않다고 대답했다. 오히려 너무 진료를 잘해서 지난 달에 자기 장모가 아파서 거기 갔더니 바로 고쳐 주었다는 것이다. 친구는 기가 차서 뒤로 넘어간다. 이 짧은 내용에 그들의 문화가 나타난다. 즉 사위와 장모의 갈등, 결혼 후에도 사사건건 간섭이 심한 장모는 마녀의 다른 이름이었다. 장모가 빨리 죽기를 바라는 마음은 남미인들이 공유하는 보편적 감정이었다. 이런 것들을 만화책에서 배운 나는 가끔 그들 문화의 아킬레스건인 장모를 유머의 재료로 사용하여 사람들을 마음대로 웃겨서 그들의 마음을 열기도 하였다.

이런 생활이 계속되자 몇 가지 변화가 생겨났다. 꿈을 스페인 말로 꾸게 되고 간혹 하게 되는 잠꼬대까지 그날 배운 스페인어로 하니 아내는 징그럽다고 했다. 그렇게 나는 점점 남미 사람이 되어 갔다. 한없이 느려서 기운을 빼는 관공서 일, 알맹이보다는 주변 이야기로 수다를 떠는 곰살궂은 대화, 절대로 지키지 않는 시간 약속, 말은 많이 하고 일은 조금 하는 비효율성……. 우리를 괴롭게 했던 이런 일들에 점점 익숙해져 갔다. 로마에 가면 로마 사람이 되어야 하느니라!

선교는 가슴으로

　스페인어를 공부한 지 한 달여 만에 다른 사람의 도움을 얻어 설교 한 편을 완성했다. 자기 분수도 모르게 원주민들을 만나 내가 설교할 수 있으니 나를 초청하라고 말했다. 대통령 신년사를 발표하듯이 원고를 보고 읽는 식의 설교가 시작되었다. 그나마 떠듬떠듬 읽으니 무슨 설교가 되겠는가.
　이럭저럭 두 달이 되던 어느 날이었다. 발파라이소라는 도시에 감옥이 있었는데 그곳을 방문하게 되었다. 그저 한번 인사나 하기 위한 방문이었는데 갑자기 사회를 보던 사람이 나를 거창하게 소개하더니 나에게 설교를 하라고 했다. 급한 나머지 양복 안주머니에 손이 갔다. 그곳에는 항상 나의 유일한 레파토리인 설교 원고가 있어야 했다. 그러나 그날 따라 원고를 집에 두고 온 것이다. 죄수들 앞에 서니 다리가 후들후들 떨렸다. 무슨 말을 해야 하나. 이렇게 난감할 수가 있다니. 앞에 놓인 마이크가 꼭 뱀대가리같이 느껴졌다. 국제 망신을 당하기 직전이었다. 급한 나머지 하나님께 기도했다. "주님, 도와 주십시오. 큰 망신을 당하게 생겼습니다. 저는 그저 가슴으로 말하겠사오니 주님이 직접 말씀하옵소서." 그리고 정신없이 말하기 시작했다. 말도 안 되는 말을 하고 있었던 것이다. 한 20분 동안 나는 제정신이 아니었다. 내가 지금 방언을 하고 있는 건지 분간이 안 갔다. 그러나 분명한 것은 나는 가슴으로 말하고 있었다. 주님의 사랑을 전달하고 있었던 것이다. 역사적인 첫 즉흥설교 후 초대의 시간이 있었다. 그런데 놀랍게도 3명의 죄수가 앞으로 나와서 감격적으로 예수님을 영접하는 것이었다. 이처럼 엉터리 같은 말로 전파된 설교에도 사람들이 은혜를 받을 수 있다니! 그때 깨달은 한 가지 사실이 있었다. 하나님의 나라는 말에 있지 아니하며 선교는 입으로 하는 것이 아니라 가슴으로 한다는 사실이었다.

 이 사건은 나에게 큰 용기를 주는 계기가 되었다. 내가 아무리 부족해도 주님이 사용하시면 무엇이든지 할 수 있다는 확신을 가지게 되었다. 말이 부족해도 성령은 충분히 소통하게 하는 역사를 일으키신다는 사실이다. 말의 지혜로 하지 않고 성령의 역사로, 입으로 하지 않고 가슴으로 전하는 것이 바로 복음이다.

내가 너희와 항상 함께 있으리라

한번은 비냐 델 말에 있는 고메스 까레뇨 교회를 방문했다. 설교를 하고 있는데 한 자매가 발작적으로 깜짝깜짝 놀랐다. 설교 후에 그 자매가 다가와서 안수 기도를 요청했다. 10년된 위장병이 있는데 가끔씩 바늘로 찌르는 것 같은 통증을 느낀다고 했다. 그래서 설교 중에도 깜짝 놀랐다고 했다. 머리에 손을 얹고 간절히 기도했다. 그런데 기도 도중에 다시 놀라면서 이번에는 울기 시작했다. 기도를 마쳤을 때 그녀는 울면서 간증하기 시작했다. 기도하는 동안에 갑자기 자기의 위장을 누가 뽑아 가는 것 같은 느낌을 받았는데 그 뒤로 통증이 사라졌다는 것이다. 그녀는 눈물을 흘리며 하나님을 찬양했다. 내게 능력이 없는 것을 분명히 믿고 있던 나는 이 사실을 믿을 수가 없었다. 그 뒤에도 몇 번이나 이렇게 나타나는 초월적인 하나님의 역사를 볼 수 있었다.

  내가 한국에서 목회할 때에 좋아하던 구절이 있었다. 그것은 마태복음 28장 20절 끝 부분인 "볼지어다 내가 세상 끝 날까지 너희와 항상 함께 있으리라"는 말씀이었다. 항상 그 말씀을 되풀이했고 성도들은 그때마다 은혜를 받았다. 그러나 그 말씀의 해석을 잘못했던 것이 느껴졌다. 주님이 함께 계시겠다는 말씀은 자기를 사랑하고 자기의 만족과 욕심과 정욕을 위해 사는 이기적인 삶의 현장에 주님이 함께 계시는 것이 아니었다. 바로 하나님의 나라와 교회와 선교를 위해 구체적으로 살아가는 선교적인 삶의 현장 위에 주님이 함께 계시겠다는 말씀으로 분명히 깨달아졌던 것이다. 내게는 아무 능력도 없었다. 그러나 선교를 위하여 땅 끝까지 가서 복음을 전하는 그 현장에 주님의 구체적인 임재가 함께하셨던 것이다. "볼지어다 내가 세상 끝 날까지 너희와 항상 함께 있으리라"는 말씀 앞에는 이런 조건이 있다. "그러므로 너희는 가서 모든 족속으로 제자를 삼아 아버지와 아들과 성령의 이름으로 세례를 주고 내가 너희에게 분부한 모든 것을 가르쳐 지키게 하라"(마 28:19~20).

  먼저 선교적인 삶을 살면 주님의 임재는 자동적으로 함께하시는 복으로 나타난다는 말씀을 선교지에서 깨달은 것은 놀라운 경험이었다.

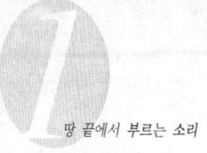

비자 귀신과 비자 그란

한국을 떠나기 전 어떤 선교사에게서 선교사를 제일 괴롭히는 귀신은 비자 귀신이라는 말을 들으면서 웃었다. 비자 받기가 그만큼 어렵다는 이야기였을 것이다. 그러나 내가 파송될 칠레는 그 당시 무비자 협정 지역이어서 비자 받는 데는 아무런 어려움이 없다는 소식을 듣고 있는 터라 그 비자 귀신은 적어도 나를 괴롭히지 못할 것이라고 생각했다. 그러나 칠레에 도착하고 보니 그게 아니었다. 예의 그 비자 귀신은 나를 괴롭히기 시작했다. 쉽게 나올 줄 알았던 비자가 6개월이 지나도록 나오지 않는 것이었다. 별의별 핑계를 다 대면서 목사에게는 비자를 줄 수 없다는 것이다.

급기야는 5월초 이민국을 다시 방문했을 때 이민국장의 비서를 통해 5월말까지 칠레를 떠나라는 청천벽력 같은 최후통첩을 받고야 말았다. 이 나라의 행정 체제는 이상하여 법적 문제와는 상관없이 이민국장 한 사람의 마음에 모든 것이 달려 있는데, 이 사람의 마음이 한국 선교사에게 비자를 주는 것을 원치 않았던 것이다. 공교롭게도 이 이민국장의 이름이 비자 그란이었다. 그란이란 말은 크다는 뜻인데 그야말로 비자를 주는 데 큰 권세를 가진 자임이 분명했다. 모든 외국인에게는 염라대왕 같은 그로부터 출국선고를 받았으니 인간적으로는 절망적인 상황이었다. 잠시 마음의 동요가 생겼으나 하나님은 나에게 '하나님이 보낸 나를 감히 누가 쫓아낼 수 있으랴' 하는 담대함을 주셨다.

즉시 나는 모든 후원자들에게 특별 기도 지원을 호소했다. 그리고 다음 날부터 좋은 길을 모색하며 동분서주하기 시작했다. 이 나라의 장로교 총회는 그 힘이 너무도 빈약했다. 총회가 다시 신청한 특별 심의 위원회에서도 동일한 선고를 받았다. 어느 변호사에게 이제 어떻게 해야 하느냐고 묻자 아무런 방법도 없고 이민국장의 마음이 움직이면 가능하니 그를 만날 수 있는 방법을 찾아보라고 했다. 그런데 그것이 어디 가능한 일인가! 그를 만나기는 그야말로 견우 직녀의 상봉보다 더 힘든 일이었다. 떠도는 말에 의하면 뒷문으로는 해결할 길이 있다는 것이었다. 그러나 차라리 한국으로 돌아갈지언정 어떻게 선교사가 뒷문을 사용할 수 있단 말인가! 양반은 물에 빠져 죽어도 개헤엄은 치지 않는다고 하지 않던가. 만나는 원주민마다 비자가 어떻게 되었냐고 물었다. 그때마다 나는 이런 답변을 했다. "비자를 얻는 길은 세 가지 길이 있습니다. 정문을 열어서 가는 길은 단단히 봉쇄되었고, 뒷문은 사용할 수 없는 문이지만, 나머지 한 문은 활짝 열려 있습니다. 그것은 하늘로 향한 문입니다. 하나님의 능력으로 하늘의 문을 통해 들어갈 수 있으니 나를 위해 기도해 주십시오."

기도는 계속했지만 내 마음은 타 들어갔다. 간혹 들려오는 말에 의하면 불법체류자는 국제경찰이 와서 강제 출국시킨다는 것이었다. 거리에서 카키색 경찰 복장을 볼 때마다 마치 수배된 범죄자처럼 깜짝깜짝 놀랐다. 생전 처음 경찰이 무서워지는 경험을 했다. 이미 새로운 교회를 하나 더 개척했고 감옥 선교와 함께 여러 가지 일이 신나게 전개되고 있는 상황인데, 가장 중요한 비자를 받지 못하고 있으니 답답하기 그지없는 노릇이었다. 또다시 새로운 시도를 하게 되었다. 하나님이 주신 좋은 친구인 이 나라 기독장교회 회장인 마누엘 뻬레스는 나에게 다시 한번 상세한 설명을 붙여서 서류를 접수해 보자는 것이었다.

새로운 서류를 다시 만들고 다른 원주민 형제들과 함께 서류를 한 모퉁이씩 잡고 간절히 기도했다. 총회장의 사인이 필요하여 산티아고로 갔는데 총회장의 부업은 택시운전수라서 만날 도리가 없었다. 그가 다니는 길목을 오랫동안 지킨 끝에 겨우 그를 만나 사인을 받아서 서류를 간신히 접수시킬 수 있었다. 그러나 이번에도 감감무소식이었다. 이런 것을 두고 벙어리 냉가슴 앓는다고 하던가. 아내는 울면서 3일 금식을 했다. 드디어 하나님의 때가 왔다. 어느 날 기도하며 고민하다가 잠이 들었는데 새벽녘에 꿈을 꾸게 되었다. 비자 그란을 만나고 그에게서 두 장의 비자를 받는 내용이었다. 너무도 생생한 꿈이었다. 평소에 거의 꿈을 꾸지 않고 또한 꿈을 믿는 몽상가도 아니지만 하나님께서는 오늘 비자가 해결될 것이라는 강한 확신을 주셨다. 바로 일어나서 아내와 함께 비자 감사 예배를 드렸다. 각자 QT를 하는 중에 주님께서 강하게 말씀하셨다. "땅의 비자는 별로 중요하지 않다. 하늘의 비자보다 땅의 비자를 더 기다리느냐?"는 위로와 책망의 말씀이셨다.

토요일인 그날, 산티아고에서 한 교포의 결혼식이 있었다. 기도 부탁을 받고 참석하여 축복기도를 해 주었다. 결혼식 후 오랜만에 한국 음식을 먹기 위해 식탁에 앉았는데 누가 나를 불렀다. 비자 그란이 왔다는 것이었다. 신부와 오랜 친구 사이인 비자 그란은 그녀의 결혼을 축하하기 위해 왔던 것이다. 나는 좀 흥분하기 시작했다. 이미 나에게 강제 출국 선고를 내렸다는 세도(?) 당당한 그란을 극적으로 만났다. 하나님께서 보내시니 자기 발로 여기까지 온 것이다.

"메 야모 비자 그란. 무초 구스토 소이 빠스똘 허(비자 그란입니다. 만나서 반갑습니다.)" 그가 먼저 나에게 인사를 했다. 나는 그와 같이 식사를 하는 30분 동안 정신없이 나의 현재 상황을 호소했다. "나는 칠레 사람을 사랑합니다. 칠레 국민에게 복음을 전하기를 원합니다. 내겐 비자가 필요합니다. 오늘도 새벽부터 기도했습니다. 나에게 비자를 내주십시오"라고 간청했다.

아내는 그 시간에 텅빈 식장에 앉아서 간절히 기도하고 있었고, 같이 일하는 미국 선교사 한분도 그때 자꾸 기도하고 싶어져서 간절히 기도했다고 한다. 물론 한국의 성도들도 기도했으리라. 하나님은 그의 마음을 움직이셨다. 염라대왕 같은 그 얼굴에 미소가 떠올랐다. 그는 나에게 명함을 달라며 곧 연락하겠노라고 말했다.

그리고 며칠 후 드디어 연락을 받았다. 그의 사무실에서 그를 만났다. 미리 준비해 간 그동안의 활동을 담은 사진과 며칠 전에 칠레 신문에 나왔던 내 사진과 기사를 보여 주며 다시 한 번 장황하게 설명했다. 그는 활짝 웃으며 비서를 부른다. "비자 서류 4장!" 그리고 즉석에서 두 장의 비자에 대응할 수 있는 서류를 만들어 주었다. 드디어 나의 손에 학수고대하던 비자가 들려졌다.

하나님은 7개월 동안 나의 믿음을 훈련시키셨다. 모든 문을 닫으시고 하늘의 문만을 바라보게 하셨다. 먼저 하늘의 비자를 받게 하신 후 땅의 비자를 허락하셨다. 하나님이 친히 '비자 귀신'을 꺾으시고 비자 그란의 마음을 움직이셨다. 하늘과 땅의 모든 권세를 가지신 주를 찬양하라! 이 지구 위에 모든 선교사를 괴롭히는 모든 '비자 귀신'은 나사렛 예수의 이름으로 물러갈지어다.

원주민 속으로–선교본부 교회의 개척

1년이 지나면서 나의 스페인어는 사용하기에 불편함이 없어졌다. 그동안 매주일 고정적으로 섬기는 제단도 없이 개척교회를 돌아보며 여기저기 다니는 생활을 하는 것이 피곤했다. 어느 날 기도 중에 하나님은 선교의 방향을 지시하셨다. 모범이 될 만한 교회를 개척하고 직접 목회하여 그곳을 선교의 센터로 삼으라는 감동이 있었다.

아구아 산타(거룩한 물) 대로 옆에 있는 큰 집을 세를 얻었다. 대문 위에 교회 간판을 붙이고 1층을 교회로 꾸미고 2층을 사택으로 사용하기로 했다. 창립예배를 드렸다. 그러나 교인은 없었다. 네 살난 아들 성진이와 일곱 살난 딸 경원이가 관심도 없이 앉아 있었으며 아직 귀가 열리지 않은 아내가 있을 뿐이었다. 나는 거창한 제목의 창립예배 설교를 준비했다. "주의 길을 예비하는 자." 알아듣는 사람은 아무도 없었지만 우리가 바로 주의 길을 예비하기 위해 이곳 칠레에 온 광야에서 외치는 자의 소리인데 힘있게 복음을 전하여 이 땅에 하나님 나라를 확장시키자고 모든 힘을 다하여 설교했다. 멀지 않는 장래에 빈 의자가 모두 찰 것을 믿음으로 바라보며 창립예배를 마쳤다.

예배를 마치고 밖으로 나가서 복음을 전했다. 사람들의 반응은 냉담했다. 때로는 거리에 앉아서 톱연주를 했다. 이상한 소리가 울려 퍼지자 사람들이 모여들었다. 그러면 나는 톱을 번쩍 들고 전도를 시작했다.

"여러분, 여기 날카롭게 생긴 톱이 있습니다. 우리들의 마음이 이렇게 생기지 않았습니까. 그러나 이 사나운 톱도 제 손에 잡히면 아름다운 찬송을 연주하는 악기로 변할 수 있습니다. 여러분의 심령을 예수님께 맡기십시오. 그러면 예수님이 여러분의 인생을 아름답게 연주하셔서 마치 아름다운 찬송이 넘치는 인생으로 바꾸어 주실 것입니다. 예수님을 영접하십시오."

이렇게 전도하면 예수 믿겠다고 하는 자들이 생기기도 하였다. 이것이 소문이 나서 한번은 '라 에스트레자(별)'라는 일간지에서 취재해서 내가 톱을 연주하는 모습과 기사를 싣기도 하였다.

"한국에서 온 선교사가 충실한 영혼들을 부르기 위해서 톱을 연주하고 있다."

이 기사와 함께 일약 나는 '쎄루치스타(톱연주가)'로 알려졌다. 감옥이나 교회를 방문할 때마다 설교 전에 찬송을 한 곡 연주하면 모두 마음이 활짝 열려서 말씀을 통해 더 큰 은혜를 받는 것을 볼 수 있었다. 하나님은 어줍지 않은 작은 재주 하나라도 버리지 않고 다 복음을 위해 사용하시니 놀라울 것밖에 없다.

매 맞고 쫓겨난 남자

처음 교회를 시작했을 때 난감한 생각이 많았다. 어디부터 어떻게 시작할까 하는 막연함이 있었다. 어느 날 아침 QT를 하는데 바울이 고린도에서 들은 성령의 음성인 "두려워하지 말며 잠잠하지 말고 말하라 이 성 중에 내 백성이 많음이라"(행 18:9~10)는 말씀을 묵상하게 되었다. 나는 주님께 말했다.

"주님, 저는 믿는 사람을 만들어 낼 힘이 없습니다. 주님의 백성이 이 성에 많다고 하셨으니 그저 준비된 심령을 만나게 하옵소서. 저는 그저 움직이기만 하겠으니 주님이 만나게 하소서."

이렇게 기도하고 거리로 나갔다. 한 문방구에 들어갔는데 얼굴에 오선지가 선명하게 그려진 한 건장한 남자가 있었다. 알고 봤더니 자기 부인의 손톱에 할키움을 당하고 집에서 쫓겨난 사람이었다. 칠레는 남자 폭력범에 대해 처벌이 엄격할 뿐 아니라 여자들이 거세서 종종 부인에게 매 맞고 보따리 싸서 쫓겨나는 남자들이 있었다. 그도 지금 쫓겨나서 조그마한 방에서 혼자 불쌍하게 살고 있었다. 그는 태권도 유단자로서 교정직 간부였다. 그에게 복음을 전했다. 그는 나에게 태권도가 몇 단이냐고 물었다. 칠레인들은 한국 사람이면 거의 유단자인 줄 알고 있었다. 나는 그저 웃기만 하고 대답을 회피했다. 그리고 교회로 초청했다. 이름이 빅똘인 이 남자는 다음 날 새벽 5시에 어김없이 교회에 도착했다. 그는 나를 보고 "마에스트로(사부님)"라고 인사했다. 나는 사부가 아니고 목사라고 설명해 주었다. 그는 힘이 필요해서 나왔다고 했다. 아내에게 사정없이 쫙 할큄을 당한 그에게 세상에는 믿을 사람이 아무도 없다고 말해 주었다. 오직 한 분 예수 그리스도만 우리를 실망시키지 않는 우리의 진실한 친구라고 설명했다. 그러자 그는 마음을 열고 예수님을 구주로 모시기로 하였다.

그 후 얼마 뒤에 부인에게 용서를 받고 그는 다시 자비로운(?) 품에 안겼다. 며칠 뒤 부인과 함께 나란히 교회에 나왔다. 생긴 모습을 보니 너무 순하고 예쁘게 생겼다. 저런 여자가 어떻게 자기 남편에게 성난 고양이처럼 손톱을 세우고 할킬 수 있었을까? 도저히 믿을 수가 없었다. 다른 도시로 전근 간 빅똘 형제가 어느 날 기쁜 얼굴로 왔다. 그는 그 도시의 기독 장교회 회장이 되었다고 하면서 하나님께 영광을 돌렸다. 요즈음은 부인에게 할키움 당하지 않고 잘 지내는지 궁금하다. 오선지가 그려진 그 얼굴이 지금도 눈에 생생하다. 하나님이 사람을 만나게 하신다. 하나님이 사람을 준비하신다. 하나님이 사람을 키우신다. 우리는 하나님의 구원을 이루는 도구일 뿐이다.

기도해 주셔서 감사합니다

어느 주일 아침에 한 초로의 부인이 교회 문 앞에 섰다. 자기 이름이 마르가리따 산따라고 했다. 내가 어느 나라에서 왔는지 물었다. 한국에서 왔다고 하자 반갑게 내 손을 잡았다. 그는 한국전쟁이 났을 때 우리나라를 위해 많이 기도했다고 했다. 그 당시 칠레는 10만 달러의 전비를 지원하기도 했다. 그때만 해도 칠레는 세계 9위의 경제력을 가지고 있었으니까.

그는 그 가난한 나라가 잘 살게 되어 선교사를 보내는 나라가 된 것이 마치 전적으로 자기 기도 때문이라고 믿는 것처럼 나를 보고 반가워하였다. 나는 그에게 이렇게 말해 주었다. "당신의 그때 그 기도를 하나님이 들어 주셔서 그 기도의 응답으로 제가 왔습니다. 기도해 주셔서 감사합니다. 이번에는 한국이 칠레를 도울 차례입니다."

그는 우리 교회에 열심히 나와서 초대 여전도회장이 되었다. 그리고 주일학교 부장을 맡아 신실하게 봉사하는 훌륭한 일꾼이 되었다.

그렇다. 우리가 이렇게 축복받은 나라가 된 것은 우리를 위해 기도한 그 누군가가 있었기 때문이다. 내가 이렇게 목사가 되고 선교사가 된 것은 나를 위해 간절히 기도하던 그 누군가가 있었기 때문이다. 또한 남을 위해 기도한 것은 반드시 자기에게로 돌아오는 축복이 된다. 그러니 어쨌든 기도하고 볼 일이다. "기도가 내 품으로 돌아왔나이다." 지난 주일에도 마르가리따는 앞에 나가서 각 반 인원을 발표하면서 말했을 것이다. "지난 주일도 주님은 우리를 지켜 주셨어요. 오늘 공부한 하나님의 말씀을 이제 각 반별로 나와서 발표하겠어요. 제일 먼저 가장 어린 유치부 나오세요."

새벽을 깨우라

한국에서 목회하면서 가장 힘들었던 것은 새벽에 일어나는 일이었다. 젊은 30대 초반의 목사가 새벽마다 4시 정도에 일어나는 어려움이라니! 종종 이런 불평을 하기도 했다. "새벽 기도는 누가 만들었나?" 한국을 떠나 칠레 공항에 도착하는 순간 나는 쾌재를 불렀다. "새벽 기도여, 안녕."

이곳 남미는 밤의 땅이다. 사람들이 주로 밤에 움직인다. 밤 12시가 되어도 도시는 잠들지 않는다. 그러나 새벽은 쥐 죽은 듯 고요하다. 아무도 일어나는 사람이 없다. 간혹 정신병자들이나 일어날 뿐이다. 칠레 도착 이후에 문화 적응이란 핑계로 1년 동안 늘어지게 잠을 잤다. 그동안 못 잔 잠을 보충이라도 하듯이.

그러던 어느 날 교회 개척을 시작하고 얼마 되지 않을 때였다.

그날도 여느 때처럼 깊은 잠에 빠져 있었다. 갑자기 전화벨이 요란하게 울렸다. 한국과 칠레의 시차가 12시간이므로 낮과 밤이 정 반대이다. 한국에서 온 전화였다. 전에 시무하던 교회의 어떤 집사님이었다. 집사님은 울먹이며 말했다. "목사님, 잘 계십니까. 제가 위하여 기도하고 있습니다. 힘드시지요. 그래도 힘내서 열심히 일하십시오. 목사님, 보고 싶습니다." 내 귀에는 이런 말이 들리는데 마음속으로는 하나님의 이런 음성이 들려 왔다. "허 목사야. 지금 무얼 하고 있느냐?" "예, 잠자고 있습니다." "잘한다, 선교하러 온 네가 잠만 자고 있으니……. 그래서 무슨 선교가 되겠느냐? 일어나서 새벽을 깨우라." 얼마나 얼굴이 화끈거리던지 송구스러워서 얼굴을 들 수 없었다. 시계를 보니 정확하게 4시 30분이었다. 옆에서 자고 있던 아내를 깨웠다. 아내는 인상을 쓰며 일어났다. "여보, 새벽 기도." "남미에서 새벽 기도는 무슨!" "하나님이 장거리 전화를 해 주셨어. 일어납시다." 이렇게 하여 우리는 1년 만에 새벽을 깨우고 차가운 칠레의 마루 바닥에 무릎을 꿇었다.

  교회는 그때부터 서서히 부흥하기 시작했다. 그 다음 날 기적이 생겼다. 8킬로미터 떨어진 발파라이소에서 새벽에 후안이라는 형제가 황영조 선수처럼 달려서 교회에 나온 것이다. 그는 시끄럽게 초인종을 누르며 고함친다. "빠스똘 허, 레반따떼!(목사님, 일어나십시오)" 이 소리에 더 이상 누워 있을 수 없어서 자리를 박차고 일어났다. 그 다음날에는 이삭 형제의 가족 전체가 교회에 나왔다. 다음 날에는 영국 선교사가 소문을 듣고 함께 기도하기 위하여 새벽에 왔다. 이렇게 하나님이 많은 기도의 동역자들을 우리에게 보내 주셔서 함께 새벽을 깨우게 하셨다.

교회는 기도와 함께 부흥하기 시작했다. 기도 없는 부흥은 없다. 기도 없는 부흥은 공중누각에 불과하다. 우리의 무릎이 튼튼할수록 우리의 삶도 튼튼해진다.

"비파야 수금아 깰지어다 내가 새벽을 깨우리로다"(시 108:2).

숨질 때 되도록

　어느 주일에 한 할아버지가 교회에 등록했다. 한 번도 결혼한 적이 없는 총각 할아버지였다. 가난한 생활을 하는 이 뻬드로 할아버지는 등록 이후 한 번도 빠지지 않았다. 그의 소원은 죽는 순간까지 주님께 충실한 삶을 사는 것이었다. 예배 때마다 간증의 시간이 있었는데 그는 단골손님이었다. 별로 감사할 것도 없는 사람처럼 보이는데 그는 항상 먼저 나와서 보통 사람이 생각해 내기 어려운 감사 제목을 발견하고 감사했다. 그는 항상 살아 있는 것에 대한 감사를 잊지 않았다. 간증 후에는 항상 찬양을 한 곡조씩 불렀는데 오직 한 가지 노래만을 했다.
　"주님을 찬양하기 원합니다. 더 멀리 더 높이 저 들에 짐승들도 주님 찬양합니다. 저 하늘의 새들도 주를 찬양합니다. 나도 주님을 찬양합니다. 손을 들고 주님을 찬양합니다."

이 노래를 부를 때면 성도들은 웃으며 "깜비에 엘 까세떼(녹음기의 테이프를 좀 바꾸십시오)" 하고 말하기도 했다. 그러나 절대로 곡을 바꾸는 법이 없었다. 그런데 이런 뻬드로에게 한 가지 문제가 있었으니 담배를 끊지 못한 것이었다. 한번은 시내에서 우리 식구를 만나자 피우고 있던 담배를 후닥닥 뒤로 감추었는데 얼마나 뜨거웠을까? 그는 마지막까지 담배를 끊지 못했다. 그는 혼자 사는 외로움을 담배로 풀었던 것이다.

그에게 어느덧 마지막이 다가오고 있었다. 중병이 든 그는 백약이 무효였다. 그러나 아무리 아파도 주일이면 꼭 자기 자리를 채웠다. 드디어 그는 자리에 누웠다. 마지막 주일에 그는 사람들의 부축을 받으면서 교회에 나왔다. 그리고 돌아가서 얼마 뒤에 숨을 거두고 주님 품에 안겼다. 자기가 잘못한 것은 모두 다 용서해 달라는 마지막 말을 남기고.

뻬드로는 자기 소원대로 숨질 때 되도록 주님께 충실한 삶을 살았다. 감사할 만한 제목은 없었으나 항상 남보다 풍성한 감사를 드렸던 그였다. 식구는 없었으나 주변에 항상 믿음의 형제들이 있어서 그는 외롭지 않게 살았다. 젊은 청년들까지 그를 우리 교회의 마스코트라고 불렀다. 천국에 먼저 간 뻬드로는 지금도 그 유일한 노래를 주님 앞에서 부를지도 모른다.

"주님을 잔양하기 원합니다……."

그러면 천사들이 이런 말을 하겠지.

"녹음기 테이프를 좀 바꾸십시오."

목사님이 오시지 않았더라면

살아오면서 가장 기뻤던 순간이 언제였느냐고 묻는다면 나는 서슴지 않고 나 때문에 구원받고 나 때문에 행복해진 사람들을 보는 때라고 대답할 것이다. 에블린이란 자매를 만났다. 그는 어릴 때부터 부모에게 학대를 받고 말할 수 없이 우울한 삶을 살던 여자였다. 그런 그가 교회에 나왔다. 복음을 듣고 예수님을 영접했다.

그의 모습이 변해갔다. 기쁨이 충만하고 의욕적인 삶을 살게 되었다. 세례를 받으면서 그는 나에게 고백했다. "목사님께서 칠레에 오시지 않으셨다면 저는 구원받지 못했을 것입니다."

그는 얼마 후 믿음 좋은 청년 마르셀로와 결혼했다. 훌륭한 신랑 신부를 바라보는 주례 목사의 마음은 기쁨으로 충만했다. 결혼식이 끝난 후 축하파티가 시작되었다. 먼저 신랑 신부가 음악에 맞추어 왈츠를 추었다.

춤이 끝난 후 아름다운 신부가 사뿐사뿐 내게로 와서 춤을 추자고 했다. 어디 내가 춤을 출 줄 알아야지. 그런데 이 왈츠라는 춤이 별것이 아님을 알았다. 그저 음악에 맞춰서 적당히 발만 움직이면 춤이 되었다. 신부의 발을 밟기도 하면서 엉터리 춤을 추고 있는데 신부가 다시 내 귀에다 대고 말하는 것이었다.

"목사님이 만약 칠레에 오시지 않으셨다면 저는 구원받지 못했을 것입니다."

아, 이런 행복이 어디 있으랴! 이런 기쁨이 어디 또 있으랴!

그러나 이런 기쁨은 나 혼자서 누릴 기쁨이 아니다. 나를 보낸 한국 교회가 누려야 할 기쁨이다. 한국 교회가 선교사를 보내지 않았더라면 땅 끝에서 구원받는 역사가 일어날 수 없을 것이기 때문이다. 전파하는 자가 없이 어찌 들으리요. 보내심을 받지 않았으면 어찌 전파하리요.

존 차이나맨에게 어떤 사람이 질문했다.

"천국에 가서 뭐얼 하겠습니까?"

"천국의 황금길을 마음껏 거닐겠습니다."

"그 다음은요"

"그리고 예수님을 만나서 그에게 경배하겠습니다."

"그리고 또요."

"그리고 나에게 복음을 전해 준 자들을 찾아 만나서 그분에게 감사하겠습니다."

가장 큰 영광과 기쁨은 전도자의 것이다. 선교사의 것이다. 선교사를 보낸 자들의 것이다.

땅 끝에서 부르는 소리

가장 큰 기적

"깐딴도 떼 아모 세뇨르, 떼 아모 세뇨르……"(주님 사랑해요, 사랑해요).

늦은 주일 밤 끊어질 줄 모르고 찬송이 계속되고 있었다. 오늘 세례를 받은 플로르와 후안 부부를 위하여 급작스레 시작된 한밤의 축하 파티였다. 구원받은 감격을 간증하는 그들의 눈에는 눈물이 가득했다. 다시 찬양은 이어졌다.

신학교 시절 선교학 시간의 이야기가 기억난다. 선교지에서는 하나님의 특별하신 은혜와 간섭이 있고 복음 전파를 위하여 하나님이 기적도 허락하신다는 내용이었다. 과연 선교지에서 일하는 동안 그런 특별한 하나님의 손길을 여러 번 보고 느낄 수 있었다.

어느 날 한 통의 전화를 받았다. 자기 부인이 농구 선수로서

시합 도중 넘어져서 충격을 받아 실명하고 말았는데 와서 기도해 줄 수 없느냐는 것이었다. 어떤 보험 회사 외무 사원을 통해 나를 소개받았는데 이 외무 사원은 전에 내가 방문하여 기도해 준 일이 있는 성도를 통해 나를 알았다고 했다. 다음 날 그 집에 도착해 보니 환자는 30세의 젊은 주부 플로르라는 여자였다. 남편 후안은 법원 직원으로 다섯 살 난 아이를 둔 젊은 부부였다. 가정 위에 짙게 드리워진 절망의 그림자를 느낄 수 있었다. 아직 한 번도 교회에 가 본 적이 없는 이들 부부는 아마도 내가 용해진 무당쯤이나 되는 줄로 생각했던 모양이다. 아무튼 이번에도 주께서 역사하셔서 치료해 주실 것을 믿고 먼저 예배를 드렸다. 나면서부터 소경된 자가 나오는 본문을 읽고 이 병은 누구의 죄 때문도 아니요 하나님의 영광을 위한 병이라는 말씀을 전했다. 그리고 기도했다. 얼마 동안 스페인 말로 기도하다가 간절한 내 입술은 어느덧 한국말로 기도하고 있었다. 그들 부부가 울기 시작했다. 자기의 처지가 답답하여 울고 있겠거니 생각했지만 그 뒤에 들은 간증으로는 그때 하나님께서 놀랍게 역사하고 계셨던 것이다. 그들의 간증에 의하면 기도하는 동안에 이상하게도 몸 전체에 기쁨이 넘치면서 모든 절망과 근심이 사라지고 주님의 평화가 넘치는 것을 느끼면서 감사의 눈물을 흘렸다고 했다.

　그날 부부는 함께 주님을 영접했다. 같이 동행했던 까를로스 전도사를 소개하며 교회에 출석할 것을 권유했다. 그들은 내게 약속했다. 그 뒤 매주 토요일마다 그 가정을 위한 심방을 계속했다. 그들의 믿음은 놀랍게 자라갔다. 말씀을 대하는 태도가 그렇게 진지할 수가 없었다. 특히 신기한 것은 내가 설교를 마치면 바로 그 본문을 그들이 아침에 보았고 바로 그 문제로 고민하는 중이었다고 말하는 것이었다. 우연의 일치가 아니라 세 번씩이나 그런 일이 있었다는 것이었다.

결국 내가 바라는 그런 형태의 신유는 나타나지 않았다. 그렇지만 육신의 눈은 뜨지 못했으나 그들의 영혼의 눈이 놀랍게 밝아져 가는 것을 볼 수 있었다. 그들의 삶은 현저하게 달라져 갔다. 답답한 상태임에도 불구하고 항상 기쁨이 충만했다. 그들은 충성된 교회의 일원이 되었다. 그들의 부모까지 교회로 인도했다.

마침 비냐 교회의 건축이 진행되고 있었는데 후안 형제는 5만 페소의 거금을 건축 헌금으로 드렸다. 그는 부자가 아니었다. 법원에서 근무하는 월급쟁이에 불과했다. 모든 교인들이 한국 선교사의 도움만을 바라보고 헌금할 생각도 하지 않고 있는데 가장 나중된 후안 형제가 먼저 믿는 자보다 앞선 모습을 보여 주었다.

어느 토요일에 그들을 다시 방문했을 때 그들은 눈물을 글썽이며 말했다. "선교사님, 우리와 문화가 다르고 생각이 다르고 모습도 다르지만 마치 내 민족으로 느껴지는 것은 웬일입니까? 말은 비록 서툴지만 그 말씀은 너무도 깊이 우리 마음에 스며듭니다. 하나님께서 보내신 것이 분명합니다. 내가 다시 시력을 회복한다면 일생을 병든 자를 심방하고 그들을 위로하고 복음을 전하는 일을 하기 원합니다." 그러나 내 마음 한구석에는 내 방법대로 치료하지 않으시는 하나님에 대한 답답함이 있었다.

6개월이 지나갔다. 담임하고 있는 본부교회 주일 저녁예배를 모두 끝내고 정리하고 있던 늦은 시간에 그들이 기쁨에 찬 모습으로 나를 방문한 것이다. 바로 오늘 세례를 받았단다. 세례를 받으며 너무도 감격하여 한없이 울었다고 한다. 세례를 받은 후 가장 먼저 생각난 사람이 나였단다. 늦은 밤 헤어지기 전에 그를 붙잡고 다시 기도했다.

"주여, 이들의 영의 눈이 밝아져서 주님을 보았고 문제보다 주님을 더 크게 볼 수 있을 만큼 성장했으니 육신의 눈도 밝아지게 하옵소서."

위기는 기회

우리 가족만으로 시작된 교회는 아름답게 부흥해 갔다. 한국 교회를 개척하듯이 새벽 기도, 심방, 금요철야 등 나의 모든 힘을 기울여 목회에 열중했다. 그런데 항상 사단은 하나님의 일이 잘 되는 것이 배가 아픈 모양이다. 보기만 해도 기분 나쁘게 생긴 집주인 여자가 어느 날 찾아 와서 말하기를 "요즘 당신 교회가 많이 부흥해서 장사도 잘 되는 모양인데 월세를 300% 올려서 주든지 당장 나가든지 둘 중에 하나를 선택하시오. 내가 이미 법원에 고소를 해 두었소" 하고 협박조로 말하였다. 이 말을 듣는 순간 어디서 많이 들은 말 같다는 느낌이 들었다. 그렇다. 경기도 여주에서 개척할 때, 이미 하나님은 이 문제를 내 주셨고 우리는 그것을 잘 해결했었다. 눈앞에 훤히 답이 보였다. 이런 위기 상황에는 기도해야 되고 하나님은 새로운 복을 준비해 놓으신다는 사실을 알고 있었다.

우리는 40일 특별 아침 금식을 선포하고 성도들과 함께 철야를 시작했다. 돈도 없고 갈 곳도 없지만 하나님이 모든 것을 채우실 것이라는 말씀을 선포했다. 후원자들에게 특별 기도 요청서를 작성하고 보내기 전에 온 성도가 그것을 한 모퉁이씩 붙들고 기도했다. 며칠 뒤 미국에서 한 통의 편지가 왔다. 혹시 달러 수표가 있을까 하고 열어 보았더니 수표는 없고 짧은 글이 적힌 편지였다.

"목사님, 많이 힘드시죠. 이 글을 읽고 힘을 얻으세요. 마틴 루터가 종교개혁을 하다가 너무 힘이 들어 지쳐 있던 어느 날 밤에 그는 등불이 반짝이는 마을을 내려다보고 있었습니다. 그는 이렇게 중얼거리며 기도했습니다. '하나님, 이 세계가 하나님의 것입니까? 저의 것입니까? 지금 진행하는 이 종교개혁의 역사가 당신의 일입니까? 저의 일입니까? 당신의 세상입니다. 당신의 일입니다. 주님의 세계를 주님이 지키시고, 주님의 일을 주님이 하십시오. 저는 들어가 자겠습니다.'"

이 글은 마치 주님의 생생한 음성처럼 들리면서 나에게 큰 위로와 확신을 주었다. 나도 이렇게 기도했다 "주님, 이 선교가 주님의 선교입니까? 저의 선교입니까? 이 교회가 주님의 교회입니까? 저의 교회입니까. 주님의 선교를 주님이 맡으시고 주님의 교회를 주님이 책임지십시오. 저는 들어가 발씻고 자겠습니다."

그날 밤 모든 짐을 다 주께 맡기고 참으로 편히 잠을 잘 수 있었다. 기도하고 있던 우리에게 담대함이 생겼다. 그래서 구체적인 제목들을 걸어 두고 기도하기 시작했다.

"첫째, 변두리는 싫으니 시의 중심가에서 5분 이내의 땅을 주십시오. 둘째, 땅은 넓어야 합니다. 셋째, 집은 짓기 싫으니 이미 지어져 있는 집을 주십시오. 방은 많아야 합니다. 큰 홀도 있고 작은 방도 여럿 있는 집을 주십시오. 넷째, 값이 비싸면 사기 어려우니 파격적으로 싼 집을 주십시오."

온 성도가 마치 미친 사람들처럼 첫째, 둘째를 외치면서 기도했다. 우리는 마치 복부인처럼 온 시내를 돌아다니며 집을 보았다. 복덕방 사람들은 우리가 큰 거부라도 되는 양, 수백만 달러짜리 집들을 보여 주었다. 단돈 만 달러도 없는 우리인 줄도 모르고.

하나님이 한 집을 보여 주셨다. 우리는 그 집을 여호수아가 여리고 성을 돌듯이 돌기 시작했다. 그러나 얼마 뒤 그 집이 다른 사람에게 팔려 버렸다는 소식을 듣고 얼마나 실망했던지. 그런데 특별 기도 40일을 채우자 나를 파송한 영락교회에서 선교지 탐방차 칠레를 방문하게 되었다. 다른 여러 나라를 순방해야 되지만 비자를 받지 못해서 남미 중에는 칠레만 방문하게 된 것이었다. 그들이 와서 마침 벌어지고 있는 위기 상황을 보았다. 그들의 방문을 하나님의 응답으로 믿은 우리는 더욱 간절히 기도했다. 수많은 영락교회 선교사 중에서 제일 어린 내가 거액의 선교비를 지원받는 것은 불가능했다. 방문단은 돌아가면서 기도해 보겠노라고 했다. 기도해 보겠다는 표현은 잘 안 되겠다는 의미가 더 많지 않던가. 그러나 우리는 확신을 갖고 다음 날부터 다시 새 집을 찾아 나섰다. 찾다가 지쳐 있을 무렵에 전화가 걸려 왔다. 알바레스 가에 큰 집이 하나 있다는 것이다. 그곳에 가 보았다. 우리가 기도해 오던 네 가지 조건에 꼭 맞는 집이었다. 집을 보는 순간 강한 감동이 느껴져 왔다. 그리고 다시 여호수아가 되어 그 집을 돌기 시작했다.

　며칠 뒤 우리는 반가운 소식을 들었다. 영락교회가 지원을 결정했다는 것이다. 우리는 뛸 듯이 기뻤다. 그런 가운데 나쁜 소식도 잇달아 들려왔다. 우리가 돌고 있던 그 집을 누가 2만 달러를 더 주고 사겠다는 것이었다. 우리는 기진맥진했다. 그날 주님은 QT를 통해 "나는 땅의 주인"이라고 말씀하셨다. 주님이 소유자시니 주님이 팔고 싶은 사람에게 파신다는 말씀이었다. 며칠 동안 더 기도하는데 부동산 사무실에서 연락이 왔다. 사려는 사람이 다음 달로 연기해서 지금 돈이 준비된 우리에게 팔겠다는 것이었다.

　드디어 매매 계약을 하는 시간이 되었다. 옛 주인은 울고 있었다. 50년 동안 가지고 있던 집을 팔아야 하기 때문에 섭섭한 마음에서 눈물을 흘렸다. 나도 울고 있었다. 내 기도를 응답하신 하나님, 신실하신 하나님, 땅의 주인이신 하나님의 은혜와 사랑이 너무 감사해서 눈물이 흐르고 있었다. 그 집은 먼저 놓친 집보다 훨씬 넓으며 큰 길가에 붙어 있어서 위치나 교통이 더욱 좋았다.

　하나님은 항상 그 자녀에게 더 좋은 것을 주시는 분이다. 그것을 모르고 낙심하고 실망했던 우리는 얼마나 믿음이 부족한 사람들인가! 그날 밤 우리는 너무 기뻐서 온 발파라이소를 미친 사람처럼 돌아다니며 주님을 찬양했다. 그날 밤의 기억이 지금도 생생하다. 모든 인간의 위기는 하나님이 우리에게 복을 준비하시는 더 좋은 기회이다.

글자가 사람 죽입니다

　　남미인들은 배우기를 싫어한다. 오순절교회가 대부분인 칠레 교회의 목사들은 설교 준비도 많이 하지 않는다. 그들이 잘못 해석하는 성경 구절 중의 하나가 '의문은 죽이는 것이요'인데 이것을 스페인어로 보면 '레뜨라 마따'이다. 글자가 사람을 죽이고 공부하면 은혜가 떨어지고 믿음도 떨어진다고 해석하는 극단주의자들도 있다. 그래서 어떤 목사는 설교하러 강단에 올라갈 때 성경 하나만을 가지고 올라가서는 척 하고 성경을 아무데나 펼치면서 "오늘 우리에게 주실 하나님의 말씀은" 하고 말한다. 적당한 구절이 나올 수도 있지만 이상한 구절이 나올 때는 난감해진다. 때로는 글이 없는 면이 나올 때에는 "오늘 말씀은 없습니다. 기도하고 마칩시다"라고 하는 목사도 있었다는 우스개 소리가 있다. 외국 유학을 갔다 오는 이들을 보고 "머리가 부어서 왔다. 목에 깁스를 하고 왔다"라고 하면서 조롱하기도 한다. 새로 이사한 선교센터에서 이들을 위하여 교역자 세미나를 매월 개최했다. 지역의 교역자들이 몰려 오기 시작했다. 전국의 유명한 강사들을 초빙하여 강의를 듣게 했고 때로는 내가 강의를 맡기도 했다. 교역자 재교육 기회가 전혀 없는 지역에 하나의 중요한 재교육장으로 알려지게 되었다. 신학 교육을 전혀 받은 적이 없는 많은 교역자들의 눈이 뜨이기 시작했다. 1년에 한 번씩 수료증을 주는데 그것을 마치 대학 졸업장처럼 간직하기도 했다. 열심히 참여하는 한 오순절 교단의 목사님께 물었다.

"빠스똘, 에스 시에르또 께 레뜨라 마따?(목사님, 정말 글자가 사람 죽입디까?)"

그는 말했다.

"노, 노 에스 시에르또. 레뜨라 에디피까!(아니예요, 글자는 우리를 세워 줍니다. 여기에 참여하여 큰 은혜를 받았습니다. 많은 도움을 받고 있습니다.)"

"너는 배우고 확신한 일에 서하라"(딤후 3:14). 잘 배워야 확신을 가질 수 있고 깊이 있는 가르침을 줄 수 있을 것이다. 지금도 칠레 목사님들은 성경만 들고 설교하고 계실까? 이번 달에는 어떤 강사가 와서 사모하는 칠레 교역자들의 목을 축여 주고 있을까?

정전된 날 밤의 가장 밝은 빛

얼마 전부터인가 북쪽에서 우리가 살고 있는 아파트로 이사 온 한 부부를 사귀게 되었다. 어느 나라나 그렇겠지만 칠레도 중산층 이하의 사람들이 친절하고 붙임성이 좋은 것과는 달리 중산층 이상의 사람들은 대단히 도도하고 사귀기도 힘이 든다. 그뿐 아니라 그들에게 복음을 전하는 일은 대단히 어려운 일이다. 그들이 가진 사회적 지위와 물질은 그들로 하여금 마음이 가난하지 못하도록 하며 주님께로 다가가는 기회를 차단하게 되는 것이다. 실제로 그들은 주일이 되면 거의 대부분이 식구들과 더불어 자가용을 타고 야외로 나간다. 이들에게 주일날 교회 가자는 초대는 하기 싫은 일을 억지로 강요하는 것과 같다. 칠레의 개신교 신자율이 거의 20%에 육박하지만 이들의 대부분이 가난한 사람들이요, 중산층 이상의 사람들은 거의 희박한 상태이다. 개신교의 80% 이상을 교육이 낮은 가난한 무산 대중들 가운데서 성장하는 오순절 교회가 점유하고 있다. 가난한 자에게 전파된 복음은 이제 남미 사회 중심부를 관통하는 복음이 되어야 한다. 6% 미만의 신자만을 가진 중산층 이상이 대부분인 이 도시 비냐 델 말에 본부교회와 선교센터를 개척하게 하신 주님은 지난 시간의 우리의 탄식과 고투를 아신다. 그만큼 주님 앞에 돌아온 이 도시의 한 사람 한 사람은 그들 나름의 파란만장한(?) 간증이 있는 것이다. 북쪽 도시 챠냐랄에서 세관장을 했고 칠레 구리 공사의 고위직을 역임하다가 성진이 또래의 두 딸의 교육을 위하여 이곳으로 이사온 엔리케 부부의 간증은 바로 하나님의 섭리적 은총을 보여 주는 사건이다.

"올라, 성진!(안녕, 성진)" 매일 아침 학교 가는 성진이를 바라보며 그들은 창문을 열고 인사하기를 좋아했다. 두 딸들의 질투를 자아낼 정도로 부인 엘바는 성진이에게 관심과 사랑이 많았다. 이 개구쟁이 꼬마 선교사는 아무 저항도 받지 않고 그 집을 넘나들면서 두 꼬마 친구와 어른 친구를 정복해 버리고 만 것이다.

뒤에 들은 후일담은 이러하였다. 성진이는 먼 곳에서 이사온 두 딸들의 친구가 되어 주었다. 한 번은 엘바가 사탕을 사 먹으라고 성진이에게 돈을 주었는데 두 아이들의 사탕만 사고 잔돈을 엘바에게 그대로 돌려 준 것이다. "왜 네 사탕은 사지 않았니?" 엘바의 말에 성진이는 대답했다. "이 돈은 내 것이 아니고 아줌마 돈이잖아요." 이 말이 그녀의 마음을 완전히 사로잡고 만 것이다. 이렇게 자연스럽게 열린 이웃 관계가 조금씩 깊어가기 시작했다. 그들을 초대하고 밤늦도록 대화하고 또한 그들의 집을 방문하기도 하였다. 하나님께서 열어 주신 이 문을 통해 어떻게 이들에게 복음을 전할 수 있을까 고민하기 시작했다. 이렇게 조심스러운 것은 칠레의 중산층들은 개신교에 대해 좋지 못한 선입견을 가지고 있기 때문에 섣불리 시도했다가는 큰 반발을 사기 때문이다. 기도하며 기회를 기다렸다.

드디어 때가 왔다. 어느 날 그 집을 방문하고 그들과 함께 여러 가지 대화를 나누었다. 자정 무렵 나는 성령의 감동을 느끼며 복음의 포문을 열기 시작했다. 그동안의 선교 사역을 간증하며 기도할 때마다 응답하시는 살아 계신 하나님을 전했다. 바로 반응이 있었다.

"우리도 그런 삶을 살 수 있을까요?"

"있고 말구요."

"어떻게요?"

"주님을 개인적으로 영접하시고 그분과 사귀며 사십시오. 아마도 지금까지 예수님에 대해 들어 보셨겠지만 그분과 무슨 관계가 있습니까? 우리가 서로 가까이 살고 서로에 대하여 알고 있었어도 내가 당신들을 초대하였고 당신들은 거기에 응했습니다. 그리고 당신들이 나를 초대했을 때 나도 거기 응했습니다. 그래서 우리는 친구가 되고 관계를 맺었습니다. 이와 같이 당신들이 나를 초대하고 문을 열어 주었듯이 마음문을 열고 예수님을 당신들의 구주로 모십시오. 그러면 주님이 당신들과 함께 살며 당신들의 기도를 들어주시며 당신들의 삶을 주장하실 것입니다."

나는 거의 숨도 쉬지 않고 말했다. 하필 바로 그때 전 시내에 예고 없는 정전이 되었다. 한 치 앞도 가릴 수 없는 칠흑 같은 어둠이었다. 마치 마음속에 그리스도가 없는 자들의 심령과도 같은 어둠이 찾아온 것이었다. 정전이 되었어도 나는 이 중대한 영적 전투의 고삐를 늦출 수가 없었다. 그들에게 주님께 나아올 것을 호소했고 주님을 지금 영접할 것을 촉구했다. 놀라운 일이 일어났다. 바로 지금 예수님을 영접하겠다는 것이었다. 그들은 주님을 깜깜한 비냐의 밤에 영접했다.

"예수님이 어디에 계십니까?"

"지금 내 마음에 계십니다."

오, 밝은 빛이 비췬 것이다. 복음의 빛, 생명의 빛, 예수 그리스도의 빛……. 가장 어두운 정전된 비냐의 한밤중에 가장 밝은 그리스도의 빛이 그들의 심령 속에 비취고 있었다. 그들은 결국 교회에 등록했다. 첫날 엔리케는 앞에 나가 이렇게 간증했다.

"나는 무엇인가 찾고 있었습니다. 그런데 구스타보 목사님을 통해 주님의 사랑을 알았습니다."

이날은 칠레에서 경험하는 가장 기쁜 날 중의 하나로 기억될 것이다. 오, 주님. 홀로 영광 받아 주소서! 집으로 돌아오는 길에 꼬마 선교사 성진이는 시키지도 않은 말을 한다.

"그라시아스 띠오 뽀르 베니르 아 라 이글레시아(아저씨, 교회 나오셔서 감사합니다.)"

땅 끝에서 듣는 '제비'

이곳에 오기 전에 향수병(homesick)에 대해서 들어 본 적이 있었다. 그러나 그것은 병이 아니고 마음 약한 여자들이나 가지는 감상이라고 생각했다. 1년이 넘으면서 서서히 이상한 증상에 시달리기 시작했다. 친구들 생각이 간절해졌다. 형님 생각이 자꾸 났다. 어머니의 얼굴이 자꾸 떠오르면서 의욕이 없어지는 증상들이었다. 알고 보니 그것이 바로 향수병이었다. 10시간을 차로 달려가서 만날 친구가 있다면 언제라도 떠날 수 있을 것만 같았다. 가끔씩 바닷가로 달려가서 가고파를 불러 보기도 하고 명태를 불러 보기도 했지만 차도가 없었다. 그때 떠오른 생각이 바로 한국에서 오는 라디오 소리를 한 번만이라도 들을 수 있다면 하는 것이었다. 그래서 가까운 전파상에 들어가서 물어 보았다. 그러자 길이 있다는 것이었다. 단파방송은 안테나와 라디오만 준비하면 언제라도 들을 수 있다는 것이었다. 안테나를 설치하는 일은 의외로 간단했다. 가는 구리선을 지붕 위에 그저 길게 달기만 하면 된다는 것이었다. 바로 구리선을 구해서 지붕에 달았다. 그리고 아침 아홉 시, 조심스럽게 단파방송의 주파수를 맞추기 시작했다. 갑자기 귀에 익은 목소리가 들려왔다.

"정답던 얘기 가슴에 가드윽 차고 바람 따라 제비 날아 오던 날……."

굵고 맑은 목소리의 주인공인 조영남의 노래 '제비'가 라디오에서 흘러 나오고 있었다. 급히 아내를 불렀다.

"여보, '제비'가 나와."

지구 반대편에서 듣는 '제비'는 감동적이었다. 그때 들은 '제비' 노래는 그 어떤 약보다 효과적인 향수병 치료제가 되었다. 그때 깨달은 한 가지 사실이 있었다. 전파는 땅 끝까지 언제나 와서 고국의 소식을 들려 주기를 기다리고 있었다는 사실, 그런데 내가 주파수를 맞추지 않았고 안테나를 준비하지 않았기에 들을 수 없었을 뿐이다. 하나님은 항상 말씀하시는 분이시다. 성경을 통해서 말씀하시고, 사람을 통해서 말씀하시고, 때로는 사건을 통해서도 말씀하시지 않는가! 문제는 내 영혼의 민감성에 달려있다. 하나님의 전파를 잘 잡아야 한다. 잘 알아 듣는 예민한 귀가 필요하다. 바다 끝에 가서 거해도 거기서도 주님의 음성을 들을 수 있어야 한다.

"주여, 나에게 학자의 귀를 주시고 예민한 심령을 주셔서 주님의 소리를 잘 알아 듣게 해 주소서."

기도할 사람은 바로 너다!

　어느 수요일에 나는 기도에 대하여 설교하고 있었다. 이제는 제법 사람들을 웃기기도 하고 울리기도 할 만큼 어학이 되는 것 같은지라 자신있게 설교를 계속했다. 남미 사람들은 작은 사실에도 감동을 잘 받는다. 설교 중간 중간에 "아멘"도 잘하고 "글로리아 아 디오스!(하나님께 영광을)"도 잘하고 "할렐루야"도 잘한다. 설교 듣다가 신이 나면 박수가 터져 나오기도 한다. "형제 여러분, 우리는 기도해야 합니다. 기도하지 않으면 우리는 하나님의 능력을 받지 못합니다." 그랬더니 모두 "아멘" 하고 대답했다. 그런데 내 마음속에서 들려 오는 주님의 조용한 음성이 있었다.
　"기도할 사람은 바로 너다!"
　나는 속으로 움찔했다. 계속해서 금식을 강조했다.

"성도 여러분, 우리는 금식해야 합니다. 예수님이 말씀하시기를 기도와 금식 외에는 이런 유가 나갈 수 없다고 하셨습니다."

또다시 성도들이 "아멘" 하며 화답했다. 그런데 마음 속에 또 조용히 주님의 음성이 들렸다.

"금식할 사람은 바로 너다!"

얼마나 부끄러운지. 금식기도를 해 본지가 몇 해나 되었던가! 그 동안 남미에서 살다 보니 체질이 거의 남미화해 버렸다. 특히 먹는 것에 있어서는. 아침을 먹고 점심을 먹은 후에 온세라고 해서 4시가 좀 지나면 한 번 더 먹는다. 그리고 밤에는 저녁을 또 먹고, 이런 식생활 문화이니 어찌 금식이 자유로울 수 있을까? 그래도 한국에서 목회할 때에는 툭하면 3일 금식을 했는데……. 그래서 3일 금식을 작정하고 보따리를 싸 들고 산으로 기도하러 올라갔다. 그런데 너무나 힘이 들었다. 한국에서 금식할 때에 제일 먹고 싶은 음식은 자장면이었는데 칠레에서 금식하니 둥글고 구수한 칠레 빵이 자꾸만 보였다.

그 3일 동안에 큰 은혜와 능력을 받을 수 있었다. 항상 설교하기 좋아하고 남을 가르치기 좋아하지만 내가 하고 있는 설교가 바로 나를 향한 설교인 것은 잊어 버릴 때가 많았다. 그래서 그때 이후로 제일 앞자리에 나를 앉혀 두는 일을 하려고 했다. 성도 중에 가장 많이 은혜 받아야 하고 가장 많이 회개해야 할 사람은 바로 설교하고 있는 나다!

꿈을 꾸면서

하나님께서 선교센터를 주신 이후에 새롭게 내 속에 잉태되는 꿈이 있었다. 그것은 바로 기독교 학교 설립에 대한 꿈이었다. 칠레는 온통 가톨릭으로 범벅이 된 나라이기 때문에 모든 학교가 가톨릭과 연결되어 있었다. 그래서 아이들은 어릴 때부터 복음을 들을 기회를 잃어버리고 자연스럽게 미신화된 남미 가톨릭의 형식적인 신자가 되어 간다. 어릴 때부터 복음을 심는 방법은 기독교 학교밖에 없다는 결론을 갖게 되었다. 비냐 델 말 중심부에 위치한 선교본부 건물로 이사온 후 바로 옆 건물을 보았는데 똑같은 크기와 모습의 집이었다. 다시 새로운 기도가 시작되었다. 새벽 기도회 후 다시 그 집을 돌기 시작했다. 내가 돌면 아내도 따라 돌았고, 원주민 성도들도 함께 돌았다. 그렇게 돌다 보면 정말 돌았다는 생각이 들었다. 금방 하나님이 선교본부를 주셨는데 또 기독교 학교를 달라고 하다니! 그러나 하나님은 후히 주시고 꾸짖지 않는 분이 아니신가! 돌면서 조금 뒤면 듣게 될 아이들의 떠드는 소리를 믿음으로 들었다. 시인 에머슨이 말하기를 믿음은 바로 종달새의 알 속에서 종달새의 노랫소리를 듣는 것이라고 하지 않았던가.

믿음으로 우선 첫발을 내디뎠다. 선교본부 마당에 우선 교실을 지어서 임마누엘 유치원을 개원했다. 이것으로 기독교 학교를 위한 첫삽을 뜬 셈이다. 계속해서 기도해 보았지만 우리에게 준비된 돈도 없었고 옆집 주인도 팔지 않겠다고 했다. 그런데 사람을 통해 전갈을 보내왔다. 자기 노모님이 계신데 돌아가시면 집을 팔겠다고 했다. 그 다음 날부터 출근하면서 그 할머니를 쳐다 보았다. 볼수록 혈색도 좋으시고 더욱 건강해 보여서 도저히 돌아가실 분 같지 않았다. 그렇다고 하나님께 빨리 데려가시라고 기도할 수도 없는 노릇이 아닌가!

내가 하는 일을 네가 보리라

이렇게 시간이 지나갔다. 그러는 동안 유치원은 발전해 갔다. 유치원을 통해 여러 영혼들이 주님께 돌아왔다. 그 중에 첫 결실인 라울 형제가 있었다. 그가 새로운 곳으로 이사를 갔다. 그래서 이사 심방을 갔다. 남미 심방은 최하 5시간은 잡아야 한다. 초저녁부터 시작된 심방이 밤 12시에나 끝났다. 그가 물었다. "목사님, 기도는 하고 있습니다만 학교는 언제 짓습니까?" "글쎄요, 하나님이 아시겠지요. 돈도 없고 또 주인도 팔려고 하지 않고……." "그런데 목사님, 여기 좋은 땅이 있다는데 그 땅을 한번 보시겠습니까?" 땅이라는 소리에 내 귀가 번쩍 뜨였다. 그 땅을 향해 걸어 가면서 그날 아침 QT시간에 말씀하셨던 내가 하는 일을 네가 보리라는 말씀을 다시 묵상했다. 땅을 밟는 순간 강한 감동과 함께 나도 알 수 없는 강한 확신이 왔다. "여기가 그 땅이다. 내가 이 땅을 네게 주겠다"는 감동이었다. 나는 함께 동행한 형제들의 손을 잡고 기도했다.

"주님, 이 땅이 주님 원하시는 그 땅이라면 우리에게 이 땅을 주시옵소서. 여기 학교도 세워지고 교회도 세워지게 해 주시옵소서."

집으로 돌아와서 아내와 마주앉아 회의를 했다. 선교지의 최고 의결기관이니 당회나 다를 바 없는 회의다. 안식년을 계획하고 있던 우리는 될 수 있으면 큰 프로젝트를 벌이지 않으려고 신중을 기했다. 아내는 "무엇이든지 하나님이 원하면 합시다. 그러나 한 번 더 기도해 봅시다"라고 말했다.

깊은 밤 교회에 엎드렸다. 나는 높은 곳에서, 아내는 낮은 곳에서 기도했다. 이미 말씀의 증거도 있었고 마음의 평화도 있었으나 환경적인 증거가 필요했다. 나는 성령에 이끌려서 이렇게 기도했다. "주님, 절반 값에만 살 수 있도록 해 주시면 주님의 뜻인 줄로 알겠습니다." 아내는 돌아오는 차 속에서 "이왕 기도하실 바에야 삼분의 일 가격으로 달라고 하지 그러셨어요" 하고 말했다.

이상한 흥정

다음 날 아침 우리는 변호사를 대동하고 그 땅의 주인인 해군 퇴역 장교협회의 임원들과 자리를 같이 했다. 우리 변호사가 흥정을 시작했다. 변호사의 능변으로 말을 해 보았지만 회장 이하 임원들의 비웃음만 샀다. 그때 내 마음에 감동이 있었다.
"네가 말하라!"
그리고 일어나서 흥정이 아닌 간증을 시작했다.
"저는 한국 사람입니다만 장사꾼은 아닙니다. 하나님의 보내심을 받아 땅 끝까지 와서 여러분을 섬기고 일하고 있는 목사요, 선교사입니다. 지금까지 돈은 없었지만 하나님이 도우셔서 여러 교회를 세웠고 시 중심에 선교센터도 세웠고 유치원도 세웠습니다. 다 여러분을 위한 일입니다. 여러분의 땅을 보면서 하나님이 그곳에 여러분의 자녀를 위한 학교와 교회를 세워 주시기를 원하시는 것을 알았습니다. 저를 하나님의 종으로 보신다면 그 땅을 절반 값에 주십시오. 그러면 여러분의 자녀를 위해서 좋은 학교와 교회를 세우겠습니다."

이 말을 듣고 있던 회장의 얼굴이 벌개졌다. 임원들의 얼굴도 벌개졌다. 그때 회장이 말했다. "5분만 시간을 주십시오." 그들은 다른 방으로 가서 의논을 한 후 5분 뒤에 돌아왔다. 그리고 회장이 말했다.

"목사님이 말씀하는 동안 우리의 마음이 뜨거워졌습니다. 우리 전 임원은 회원들의 어떤 추궁이 있더라도 이 땅을 목사님께 팔기로 했습니다. 사실 이 땅은 가톨릭을 위시하여 어떤 종교단체에도 팔지 않기로 했으나 이상하게도 우리들의 마음이 바뀌었습니다. 이 땅은 목사님의 땅입니다."

너무나도 감격스러운 순간이었다. 하나님의 움직이는 손을 우리는 보았다. 변호사가 놀라서 입을 다물지 못했다. 자기의 변호사 생활 중에 이런 이상한 흥정은 처음이라고 했다. 나는 너무 감격하여 "기도합시다"라고 했다. 그리고 믿지 않는 자들이지만 그들은 함께 기도했다.

"살아 계신 주님, 제 기도를 들어 주시고 이 사람들의 마음을 움직여 주셔서 감사합니다. 여기 아름다운 기독교 학교와 교회가 속히 세워져서 많은 영혼들이 다 구원받게 하옵소서."

기도를 마치자 모두 "아멘" 하고 대답하였다.

반석에서 샘물 나리라

"학교는 언제 짓습니까?"

회장이 물었다.

"돈은 없습니다. 기도해 주십시오. 하나님이 세워 주실 것입니다."

임원들이 어이가 없다는 듯이 웃으며 나를 바라보았다. 하나님이 시작하라고 신호는 해 주셨는데 어떻게 시작해야 하나. 아무런 대책이 없었다. 역시 전과 같은 방법으로 시작할 수밖에 없었다. 다시 짐을 꾸려 한적한 곳으로 갔다. 바닷가에 있는 기도원에서 3일간 금식 기도에 들어 갔다. 하나님의 응답은 둘째 날에 있었다. 순서를 따라 QT를 하던 중에 출애굽기 17장에 이르렀다. 모세가 백성들을 이끌고 르비딤에 이르렀을 때에 마실 물이 없었다. 불평하며 돌로 치려 하는 백성들을 앞에 두고 모세가 하나님께 기도하자 하나님의 말씀이 임했다.

"하수를 치던 네 지팡이를 손에 잡고 가라 내가 거기서 호렙산 반석 위에 너를 대하여 서리니 너는 반석을 치라 그것에서 물이 나리니 백성이 마시리라"(출 17:5~6).

하나님은 내게 믿음의 지팡이를 들고 가라고 말씀하셨다. 지금까지 사용한 그 지팡이를 한 번 더 사용하라고 하셨다. 하나님이 나보다 먼저 가서 호렙산 반석 위에 서시겠다고 했다. 그리고 반석을 치면 물이 나오리라고 분명히 말씀하셨다. 오직 믿음으로만 가서 하나님이 세우시는 곳에서 말씀을 전하면, 반석이 터지는 것은 하나님이 해 주시겠다는 응답이었다. 이 응답은 너무도 분명하여 다른 의심의 여지가 없었다. 3일 금식을 마치고 집으로 돌아와서 비행기 표를 끊었다. 하나님께서 세워 주시는 곳마다 금식하며 준비한 말씀을 전했다. 모세의 지팡이를 내리치는 마음으로……. 하나님은 반석이 터지는 것을 책임지셨다. 그리고 샘은 흘러 나왔다. 어떤 주일은 여섯 번 말씀을 전하기도 했다.

그때마다 하나님은 약속대로 나를 대하여 호렙산 반석 위에 서시고 반석이 터지게 하셨다. 나에게는 어떤 정치력도 없는 것을 알고 있었다. 그저 하나님이 시키는 것을 할 뿐이었다. 어떤 때는 하도 기가 막혀서 방에 혼자 앉아 울먹이며 하나님께 힝변하기도 했다. "하나님 제가 거지입니까?" 수많은 어려움이 있었다. 그러나 우직하게 순종할 때마다 하나님은 반석에서 샘이 터지는 체험을 하게 하셨다. 지금 다시 그런 숙제를 맡기시면 내가 그때처럼 할 수 있을까?

마냐나의 나라에서 어떻게 건축을?

중국이 만만디라면 남미는 마냐나(내일)이다. 희망을 말하는 내일이 아니라 항상 내일로 미루는 핑계의 내일이다. 도대체 급한 일이 없다. 서두르는 법이 없다. 조금 할 만하면 "아스타 마냐나(내일 보자)" 하고는 가 버린다. 이런 나라에서 건축을 시작한다는 것 자체가 고난이었다.

땅을 사고 학교 건축이 시작되었다. 공자님이 집은 짓지 말라고 하셨다던가! 돈이 넉넉하면 도급을 주면 될 것이지만 좀 아껴 보려고 직영을 결정한 것은 내 일생일대의 실수였다. 건축사가 직영을 결정한 나에게 "돈은 좀 절약되겠지만 머리는 조금 아플 것입니다"라고 하던 말이 두고두고 기억났다. 조금 아픈 것이 아니고 그때부터 아예 속 터지는 나날이 시작되었다. 우리의 일과는 건축 자재 조달을 위하여 건재상으로 출근하여 공사

현장으로 가서 작업을 독려하고 새참까지 조달해야 하는 정말 적성에 맞지 않는 생활 그 자체였다. 자재가 제 시간에 도착하지 않으면 가서 고함을 지르는 일까지 해야 하다니.

한번은 공사장에서 용접을 하고 있었는데 옆에서 일하던 인부가 땅을 타고 흘러온 전류에 감전되어서 기절해 버린 사고도 있었다. 응급차를 부르고 아내가 울면서 병원으로 함께 달려가서 의사에게 살려 달라고 애원했다. 결국 하나님이 도우셔서 의식을 회복한 일도 있었다.

"눈물을 흘리며 씨를 뿌리는 자는 기쁨으로 거두리로다"(시 126:5).

우리는 씨를 뿌리는 자의 대가를 톡톡히 지불해야만 했다.

비야 멈추어라

 봉헌식 날은 다가오는데 일꾼들은 공사 기간을 지키지 않았다. 슬라브를 빨리 쳐야 하는데 날씨가 계속 좋지 않았다. 마지막 하루가 남았다. 그날을 놓치면 모든 계획이 어긋나게 된다. 이날은 비가 오지 않아야 슬라브를 칠 수 있었다. 전날 일기 예보로는 99% 비가 올 것이라고 했다. 아침에 일어나 하늘을 보았다. 잔뜩 찌푸린 얼굴이었다. 그러나 우리는 오늘 강행해야 한다. 이미 레미콘 회사와도 계약이 끝났다. 기도하고 집에서 10여 분 떨어진 공사현장으로 갔다. 인부들이 모두 왔고 레미콘 차가 도착했다. 다 마칠 때까지 비가 오지 않아야 했다.
 나는 건물 꼭대기로 올라갔다. 슬라브 공사가 시작되었다. 비가 곧 쏟아지려고 한 방울씩 뿌리기 시작했다. 나는 상황이 급하면 기도가 원색적으로 변하는 것을 경험했다.

"하나님, 마칠 때까지 비가 오지 않게 해 주십시오."
이렇게 기도하다가 하늘을 바라보며 외쳤다.
"나사렛 예수의 이름으로 비야, 멈추어라."

자기가 무슨 여호수아라고! 그러나 급한 마음에 나도 모르게 나온 원색적인 기도였다. 이상하게도 그날 공사가 모두 마칠 때까지 하늘은 비를 참았다. 우연일 수도 있다는 생각을 했다. 모두 마치고 집으로 돌아왔는데 바로 가까운 거리에 있는 집 부근에는 비가 내리고 있었다. 이웃의 말을 들어 보았더니 오늘 하루 종일 비가 왔다고 했다. 우리는 무릎을 꿇고 우리의 기도를 들어 주신 하나님께 감사를 드렸다. 우연이라고 말할 사람이 있을 것이다. 그러나 나는 지금도 믿는다. 그날 하나님은 여호수아의 기도를 들어 주셔서 태양을 멈추신 것처럼 어리석은 우리의 기도를 들어 주셔서 기독교 학교 공사장 주변의 하늘을 잠시 붙들고 계셨다는 것을!

스탠바이 티켓의 추억

마침 미국에서 집회 요청이 왔다. 이번 기회를 이용하여 부족한 건축 공사비를 채우기 위하여 될 수 있는 한 많은 교회를 방문하기를 원했다. 여행사에 알아보니 여러 곳을 일일이 연결하려면 비용이 많이 든다고 했다. 그래서 한 장으로 마음대로 여행할 수 있는 스탠바이 티켓을 권했다. 문제는 자리가 있어야 탈 수 있고 없으면 갈 수 없는데 요즈음은 항상 자리가 있을 것이라고 장담했다. 스탠바이 티켓은 값이 엄청나게 쌌다. 그런데 싼게 비지떡이라던가!

두 번째 기착지에서부터 문제가 발생했다. 자리가 없는 것이었다. 집회 약속을 해 놓고 시간에 맞추어 가야 하는데 바로 내 앞에서 자리가 없어진 것이다. 다시 하염없이 기다려서 다음 비행기를 겨우 탈 수 있었다. 매번 당하는 불안감, 불확실성, 초조……. 그것을 돈으로 계산하면 정상 티켓 값보다 훨씬 더 비쌀 것이다. 그때 나는 깨달았다. 정상으로 내는 비행기 표값은 확실성의 값이며, 보장에 대한 값인 것을! 그 후 나는 한 가지 결심을 했다. 어떤 경우에도 스탠바이 티켓은 사지 않기로. 비행기 표는 제값을 다 주고 사기로. 만약 내가 내 인생의 미래에 대해 스탠바이 티켓 같은 생각을 가지고 있다면 얼마나 불안할까? 앞으로 진행될 내 삶이 불확실하다면 나는 얼마나 슬픈 여행자일까?

그때 내 손에는 싸구려 스탠바이 티켓이 들려 있어서 불안했지만 내 인생은 확실하신 분에게 분명히 맡겨져 있었다. 또한 내 미래는 너무도 분명하게 그분에 의해 준비되어 있다는 것을 알게 되었다. 스탠바이 티켓을 들고 있던 나를 비행기는 버리고 떠나갔지만 주님이 나를 위해 준비한 복된 비행기는 내가 타지 않는 한 떠나지 않을 것이다. 내 손에는 하나님의 약속이라는 온전한 티켓이 들려져 있으니까!

임마누엘 기독교 학교 봉헌식 날

오후 3시에 식을 시작하기로 했는데 또 비가 온다고 했다. 일 년에 몇 차례 밖에는 비가 오지 않는 건조한 나라인데 꼭 내가 무얼 하려고 하면 비가 오는 이유는 무엇일까? "어릴 때 죄없는 개구리를 많이 잡아서 그런 모양이지?" 아내에게 농담을 했다. 답답한 순간에 농담을 하는 것은 남미인에게 배운 삶의 지혜이다. 그들은 가장 어려운 순간에도 유머를 잃어버리지 않는다. 중풍이 들어 겨우 걸어가는 한 사람에게 힘들겠다고 했더니 웃으면서 "렌또 뻬로 세구로!"(느리지만 안전하다는 뜻의 칠레 속담)라고 대답하던 그 여유는 어디에서 나오는 것일까?

식장에 도착했더니 기독교 방송국에서 인터뷰를 하자고 했다. 기독교 학교의 비전을 이야기하면서 학교 발전을 위해 기도해 줄 것을 부탁했다. 그리고 생방송이므로 봉헌식 때 비가 오지 않도록 다시 기도를 부탁했다. 미국의 손님들과 대사님 부부, 산티아고의 한인들, 선교사 동료들, 그리고 많은 주민들이 참석했다.

비는 오지 않았다. 칠레기가 올라가고 이어서 태극기가 올라갔다. 친구가 미국에서 사 온 애국가를 틀었다. 땅 끝 칠레에서 애국가가 청아한 소리로 퍼져 갔다. 가슴이 뭉클했다. 조국이란 무엇인지……. 한국 교회의 이름으로 이 지구 끝에 기독교 학교가 세워지다니! 이사장으로서 인사말을 할 차례였다. 나는 다소 격앙된 어조로 말했다.

"제가 처음 이 땅을 밟았을 때에는 잡초밖에는 아무것도 없었습니다. 저는 꿈을 꾸었습니다. 이 학교가 세워지는 꿈을! 제 손에 든 것은 아무것도 없었습니다. 그러나 하나님이 모든 것을 다 채워 주셨습니다. 이 시간에 저는 다시 꿈을 꿉니다. 임마누엘 기독교 학교에서 미래의 칠레 지도자가 배출되는 꿈을! 경제인이, 예술가가, 정치가가, 훌륭한 교사가, 세계를 향해 복음을 전하는 선교사가 배출되는 꿈을! 혹시 누가 압니까? 여기에서 미래의 칠레 대통령이 배출될지도……. 혹시 그렇게 된다면 제가 늙어도 취임식 때 꼭 초청해 주십시오. 기쁘게 참여하겠습니다. 여러분, 하나님과 이웃과 세계를 위해 큰 꿈을 가집시다."

쓰라린 고통과 고생은 뒤로 접어 두고 하나님이 명령하신 또 하나의 숙제를 마치고 새로운 한 페이지를 넘겼다. 내일 일은 내일에 맡기며…….

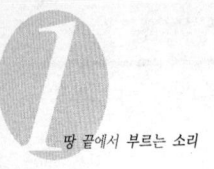

안식년을 얻고

학기를 모두 마치고 환호성을 지르고 방학을 맞아 집으로 돌아가는 아이들처럼 우리도 안식년을 얻어 칠레를 떠났다. 공항에는 원주민 성도들이 모두 나와 노래를 부르며 뜨거운 환송을 해 주었다. 이렇게 따뜻한 민족이 또 있으랴! "꼭 다시 돌아오십시오." 일 년 치의 뜨거운 포옹을 모두와 함께 나눈 후 미국 커네티컷 주의 수도 뉴 헤이븐에 있는 O.M.S.C(Oversea Ministries Study Center)를 향해 날아 갔다. 이곳은 순직하신 정성균 선교사, 서정운 장신대 총장 등이 안식년을 보내기도 하신 세계적인 선교사 재교육 기관이다.

비행기가 우선 마이애미에 도착하여 입국 수속을 밟았다. 그런데 이게 왠일인가? 입국을 거부당하고 말았다. 여권에는 분명히 교환교수 비자인 J1비자가 찍혀 있으나 연구소에서 발행한 비자 폼을 가지고 오지 않은 것이다. 뉴욕행 비행기를 곧 갈아타야 하는데 입국관리소 직원의 거부는 완강했다. 아이들은 의자에 앉아 입을 달싹이면서 부지런히 기도하고 있었다. 다시 직원을 만나 얘기했다. "나는 7년 동안이나 선교지에서 수고한 선교사다. 바쁘게 오느라고 가지고 오지 못했다. 그러나 여권의 비자는 확실치 않느냐. 입국 시켜 주면 일 주일 내에 다시 비자 폼을 받아 오겠다." 이렇게 말했더니 고개를 끄떡이며 도장을 꽝 찍어 준다. 어느 것 하나 쉽게 되는 것이 없었다. 하나님께서는 나의 급한 기도를 또 응답해 주신 것이다.

 무사히 도착하여 기숙사에 짐을 풀고 누우니 갑자기 지구가 멈춘 것 같은 적막감이 들었다. 7년 동안 얼마나 쉼없이 달려 왔던가. 지금부터는 쉬어야 한다. 그래서 안식년이 아닌가? 안쉴 년이 되면 곤란하지.

천국의 축소판

전 세계에서 12쌍 정도의 부부가 연구소에 입소했다. 영어가 이상한 인도 주교, 꼭 한국 사람처럼 생긴 미얀마 교회 총무 사이 목사, 미얀마 제일의 교회 목사 멍멍딘, 애들처럼 생긴 인도네시아 파송 필리핀 선교사 시투모랑, 캐냐 모라비안 교회 총회장 말람부기, 쾌활한 이탈리아 노처녀 선교사, 독일 선교사, 미국 선교사 등등이 한데 어우러진 비빔밥이었다. 천국에 가면 분명히 이런 모습일 것이다. 그저 같이 웃고 장난치고 함께 기도하고 함께 연구하는 즐거운 나날이 계속되었다. 한 주일에 한 과목씩 대학원에서 한 학기 동안 다룰 분량을 집중적으로 가르치는데 여간 집중이 필요한 것이 아니었다. 에밀리오 카스트로나 사무엘 에스코발 같은 세계적인 지도자들이 교수로 와서 여러 분야의 폭넓은 강의를 했다.

아침마다 예배를 드릴 때 돌아가면서 설교를 해야 하는데 한 번도 하지 않았던 영어 설교를 두 번씩이나 해야 했다. 남미식의 화끈한 은혜 설교를 스페인어 억양이 섞인 영어로 했더니 모두 웃으며 경청해 주었다. 한 달에 한 번씩 가지는 포트럭은 즐거운 잔치였다. 각자가 자기 나라 음식을 한 가지씩 준비해 와서 함께 먹는 시간인데 한자리에서 다양한 나라의 음식을 접할 수 있었다. 피부가 다르고 언어가 달라도 천국에서는 이렇게 함께 살 것이 아닌가. 그들과 함께한 세 계절은 오래 두고 기억될 즐거운 시간이었다. 나는 특히 장모에 관한 농담을 많이 해서 인기를 모았는데, 천국에서 다시 만날 때에는 좀더 신선한 농담으로 그들을 즐겁게 해야겠다.

내가 돌아갈 때까지

칠레 기독교 학교는 개학이 되어 처음에는 무리 없이 잘 진행되었다. 내가 떠나면서 각자의 일을 맡겨 두고 충성을 다하라고 부탁했다. 그런데 들려 오는 소리는 부정적인 소식뿐이었다. 서로 자기 잇속만 챙긴다는 것이다. 교장을 맡긴 라울도, 교목을 맡긴 끌라우디오도 학교보다는 자기 이익을 먼저 생각한다는 것이었다. 미국에서 전화를 걸어 부탁했다.

"나는 곧 돌아갑니다. 내가 돌아가면 다 해결해 줄테니 조금만 참고 수고해 주십시오."

간곡히 부탁해도 이들은 내 말을 듣지 않았다. 나와 함께 있을 때에는 그렇게 충성스럽던 자들이었는데, 내가 멀리 있자 가까이 있는 자기 이익을 먼저 보게 된 것이다.

안식년을 마치고 칠레로 돌아가자 사람들은 두 패로 나누어져 있었다. 내가 없는 동안 자기 잇속을 챙긴 사람들과 변함없이 충성을 다한 사람들로. 먼저 충성을 다한 자들이 와서 울면서 말했다.

"너무도 힘들었습니다. 저들이 말을 듣지 않았습니다. 힘들 때마다 '목사님이 다시 돌아올 때만 기다리자' 하면서 참았습니다."

다음에는 자기 잇속을 챙겼던 자들도 울상이 되어서 찾아왔다. 그들은 울면서 용서를 구했다.

"목사님이 안 계신 동안 목사님보다는 내 이익이 먼저 보였습니다. 나도 내가 왜 그랬는지 모르겠습니다. 용서해 주세요."

무릎을 꿇고 거의 흐느끼며 울었다. 그 순간 예수님의 재림을 생각해 보았다. 주님이 다시 오실 것을 생각하면 오늘 내가 나의 이익만을 챙길 수 없다. 내가 참아야 한다. 억울한 사정도 그가 오시면 다 들어 주실 것이다. 그는 꼭 돌아오신다. 그가 오실 때까지 견디자. 그 후 충성스러웠던 글로리아와 길제르모는 더 귀한 자리에 앉았고, 순간의 이익만을 생각했던 라울과 끌라우디오는 그 자리를 잃고 말았다. 주님은 다시 오신다. 오셔서 상을 주시기도 하고 벌을 주시기도 하실 것이다.

부르투스 너까지냐?

　로마 황제 카이사르가 등에 칼이 찔려서 돌아볼 때 거기에는 가장 믿었던 부르투스가 있었다. "부르투스 너까지냐?" 그는 이 마지막 말을 남기고 죽었다. 사역 중에 많은 배반을 겪었지만 안식년 후 다시 돌아와서 당한 배신은 엄청난 것이었다. 학교의 교장을 맡겼던 라울은 나의 사랑과 관심을 가장 많이 받은 자였다. 그는 나의 가까운 친구이자 성도였다. 그런데 어느 날 배신을 한 것이었다. 나는 그것을 믿을 수가 없었다. 그는 나를 걸어 고소를 했다. 온갖 거짓 증인을 다 동원하여 이야기를 꾸몄다. 그와 함께 찬송하며 보낸 밤이 몇 밤이던가! 그에게 베풀었던 나의 사랑이 그 얼마이던가! 그런데 더욱 놀라운 사실은 법원에 가서야 발견했다. 개척교회 시절부터 함께 일했고 음악선교단의 일원으로도 활약했던 알레한드라 자매가 거짓 증인의 자리에 서 있는 것이었다. 나는 거의 비명을 지를 지경이 되어 '알레한드라 너까지냐!' 하고 속으로 되뇌었다. 그 외 또 다른 거짓 증인들! 나의 괴로움은 극에 달했다.

그날 밤 거의 잠을 자지 못하고 온몸을 부들부들 떨었다. 그리고 기도했다.

"주님, 이럴 때에는 어찌해야 합니까? 배신자들이 죽도록 밉습니다."

한참 뒤에 주님의 음성이 가슴속에 들려왔다.

"허 목사야, 나도 너처럼 배반당했단다. 괜찮아. 가슴 아파하지 말아라. 저들은 내가 너를 훈련시키기 위해 세운 귀한 교수님들이야. 학점을 잘 이수해야지."

"그래도 미운데 어떻게 합니까?"

"미우면 너도 나처럼 해. 내가 못 박는 자들을 위해 기도한 것처럼 너도 그들을 위해 축복하고 기도해!"

그날 밤 나는 그들을 위해 분노를 삼키며 축복하고 기도했다. 어려웠지만 억지로 시작했다. 이상한 일이 생겼다. 미운 미음이 사라지기 시작하는 것이었다. 며칠 뒤 다시 법원에서 재판이 있었다. 법원에 가까이 가고 있는데 라울이 저만치 오고 있었다. 보는 순간 다시 미운 마음이 생기기 시작했다. 그때 하나님의 음성이 들렸다.

"다가가서 안아 주라, 그리고 축복하라!"

나는 용기를 내어 다가갔다. 그리고 팔을 활짝 벌리고 그를 안았다.

"올라 에르마노! 엘 세뇰 레 벤디가!(안녕, 형제여! 주님의 축복이 있기를!)"

그때 그의 당황하는 모습이라니! 안으로 들어갔더니 알레한드라가 거기 있었다. 다시 손을 잡고 웃으며 인사하고 축복했다. 더 이상 그는 나에게 괴로움을 준 배신자가 아니었다. 이렇게 하여 나는 라울 교수와 알레한드라 교수가 가르친 '용서학'을 A$^+$ 학점을 받고 잘 이수할 수 있었다.

"주님, 그 두 교수님들에게 복 주소서."

넘겨주는 고통

　세례 요한은 예수님에게 자리를 넘겨주었고, 바나바는 바울에게 자리를 넘겨주었다. 선교사는 될 수 있는 대로 빨리 원주민 지도자들에게 지도력을 넘겨주어야 한다. 언제까지나 군림해서는 안 되고 붙잡고 있어서도 안 된다. 나는 본부교회 목회를 하면서 이 사실을 느끼고 있었다. 그래서 넘겨주기 위해 힘썼다. 어디나 항상 이간질시키는 무리는 있었다. 가끔 어떤 이는 나의 동역자 길제르모 목사를 흉보며 이간질시켰다. 그때마다 그것을 일축했다. 안식년 이후 돌아와서는 거의 모든 일을 다 넘겼다. "그는 흥하여야 하겠고 나는 쇠하여야 하겠다"라는 말씀을 사역의 표어로 정했다. 심지어 성도들의 사랑까지도 넘겨주었다. 한 식구처럼 뒹굴며 지내던 성도들을 하나 둘씩 넘겨주는 내 마음은 괴로웠다. 나를 찾아와서 상담을 의뢰하면 일부러 길제르모에게 보냈다. 어디 그뿐인가! 학교 안에 시작된 임마누엘 교회도 호세에게 넘기고 있는 요즈음이 아닌가! 이런, 교회를 세우면 넘겨줄 걱정부터 해야 하고, 사람을 전도하면 넘겨주어야 할 원주민 교역자를 생각해야 하다니!

 어떤 때는 나도 성도들의 사랑을 넘겨주지 않고 붙잡고 있고 싶은 생각이 들 때도 있었다. 그러나 넘겨주는 사역이 선교사의 사역이었다. 선교사의 가장 큰 적 중의 하나가 바로 친권주의, 온정주의가 아닌가! 자식을 항상 품에 둘 수 없듯이 선교지 교회도 넘겨주어야 한다. 자식을 자립시켜서 하나의 독립된 인간으로 만들듯이 선교지 교회도 자립시키고 스스로 해결하게 하고 스스로 일하게 해야 한다. 그러나 자식을 떠나보낸 부모의 가슴이 허전한 빈 가슴이듯 넘겨주는 내 마음도 허전하기 그지없었다.

만남, 그 신비로운 사건

인생은 만남의 연속이라 했던가. 만남에 따라 인생의 방향은 결정되고 만남에 의해 역사는 진행된다. 바울과 바나바가 만났고, 빌립과 에디오피아 내시기 만났으며, 베드로와 고넬료가 서로 만났다. 그들은 이 만남을 통해 놀라운 하나님의 신비한 섭리를 이루었다.

내가 산성교회를 만난 만남도 신비스럽다. 1996년 9월 첫주에 나는 칠레 기독교 학교의 일로 잠시 귀국하게 되었다. 누군가 채플 헌금을 한다는 연락을 받았기 때문이다. 귀국한 김에 어머니와 형님을 뵈러 잠시 부산에 들렀다. 마침 그때 산성교회는 담임목사가 사임하여 새로운 목회자가 올 때까지 한 주 한 주 초청 설교자를 통해 말씀을 듣고 있었다. 9월 한 달은 노량진교회 원로 목사님이신 림인식 목사님께서 오시기로 했는데 공공롭게도 9월 첫주에는 오실 수 없다는 연락을 받게 되었다고 한다. 나는 오직 첫주에만 시간이 있었는데 그때 설교를 하도록 초청을 받게 되었다. 한 번도 가 보지 않았던 전혀 낯선 교회였다. 아무 부담 없이 두 번의 설교를 했다. 그런데 이상한 느낌이 들었다. 강단에 서는 순간에 너무도 편안하고 자연스러웠다. 그리고 어쩌면 그리도 성도들의 모습이 사랑스럽게 가슴속에 다가오는지. 처녀 총각이 첫눈에 반한다는 말이 바로 이를 두고 하는 말일 것이다. 여러 군데에서 설교를 해 왔지만 그날처럼 회중이 설교에 빨려 들어가는 모습을 보기는 어려웠다. 뒤에 들은 말이지만 성도들 사이에서도 저 목사님을 붙잡자는 말이 오갔다고 했다.

며칠 뒤 나는 다시 선교지로 돌아갔다. 그 즈음 이미 선교지의 사역도 자리를 잡아가고 있었으며 원주민 사역자들에게 일을 넘겨주고 있던 중이었다. 주님은 계속해서 새로운 사역에 대한 비전을 주고 계셨고 그곳에서의 내 사명이 거의 끝나가고 있음을 느끼고 있었다. 산성교회 성도들은 서로 꼭 한 번 보았는데 잊혀지지 않았다.

어느 날 꿈을 꾸었는데 내가 바로 산성교회 성도들과 어느 식당에서 웃으며 식사를 하고 있었다. 그때 보았던 그 장면은 내가 부임하던 날 어떤 식당에서 식사를 하다가 바로 그때 꿈속에서 보았던 그 장소임을 알고 깜짝 놀랐다. 얼마 뒤 새벽에 전격적인 청빙전화를 받게 되면서 나는 마지막 결정을 해야만 했다. 그렇다. 그 한 번의 만남은 주님께서 예비하신 만남이었다. 하나님이 만남의 장소와 시간을 정해 놓으셨다가 주님의 방법으로 만나게 하는 것이었다.

만남은 하나님의 신비에 속한 사건이다. 하나님은 만남을 통해 그분의 일을 진행하신다. 우리는 귀한 만남을 주신 주님을 찬양하기만 하면 된다.

다시 땅 끝에서 부르는 소리

　　교회도, 학교도, 다른 사역도 각자 맡은 이들이 잘 감당하고 있었다. 이제 나는 무엇을 해야 하는가? 이곳은 나의 아성처럼 잘 닦여져 있었다. 여러 사역이 한데 맞물려서 잘도 돌아갔다. 이제는 내가 없어도 이곳은 아무런 문제가 없을 것 같은 생각이 들었다. 눈물 흘리며 땀 흘리며 개척할 때는 내가 꼭 필요했는데 이제는 무슨 일을 해야 하나? 그래서 하나님께 기도하기 시작했다.

　　"주님, 이제 내 힘이 남아돕니다. 무엇을 할까요? 그냥 두시지 말고 꼭 필요한 자리로 다시 나를 보내어 주소서. 이제 이곳을 떠날 때가 되었습니까? 다시 새 일을 맡겨 주시옵소서. 저에게는 자리가 필요한 것이 아니라 일이 필요합니다."

　　이런 기도가 무르익던 어느 날 우연한 기회에 한국을 방문하게 되었다. 마침 강단이 비어 있던 한 교회에서 말씀을 전했는데 그날 이상한 공감이 온 교회 안에 흐르고 있었고, 내 마음에도 큰 평화가 있었다. 그리고 다시 일터로 돌아왔다. 수많은 기라성 같은 후보들이 그 교회를 두고 기도하고 있다는 말을 들었다. 이미 끈 떨어진 연과 같은 나는 기대할 것이 없었다.

1996년 11월 10일 새벽에 한 통의 장거리 전화를 받았다.

"목사님, 저 김현주 장로입니다. 당회에서 만장일치로 목사님을 우리 교회 담임 목사님으로 모시기로 하였습니다. 빨리 와 주십시오."

전화기를 내려 놓고 잠시 어안이 벙벙했다. 다시 땅 끝에서 나를 부르는 소리! 그렇다. 주님이 새로운 사명을 맡기기 위하여 나를 보내신다. 이제는 보내는 선교사가 되어서 사람을 보내고 기도를 보내고 물질을 보내야 한다. 선교적 목회를 통해 성도들을 선교 의식화하자. 수많은 젊은이들을 훈련시켜서 선교의 현장으로 몰아내자. 나는 어디로 가든지 선교사이니 다시 저 땅 끝으로 가자. 주여, 다시 불러 주시니 감사합니다.

"나의 가는 길을 오직 그가 아시나니 그가 나를 단련하신 후에는 내가 정금같이 나오리라"(욥 23:10).

칠레를 떠나면서

선교사로서의 마지막 공식편지라고 생각하니 만감이 교차합니다. 햇수로 10년이라는 긴 시간이 흘렀습니다. 그동안 함께 기도와 사랑으로 동역해 주신 칠레 선교 동역자님께 마음 깊은 감사를 드리기를 원합니다.

주님은 그동안 여러분의 기도를 통하여 구체적으로 우리와 함께하셨습니다. 입국 5개월 만에 비자를 받지 못해서 출국 명령을 받았을 때 주님은 엎드려 있는 우리에게 하늘의 문을 통해 비자를 주셨습니다. 본부교회를 개척한 지 8개월 만에 가톨릭 신자인 집주인의 시기와 방해로 다시 거리로 나앉게 되었습니다. 그때 땅의 주인이신 주님께서는 우리가 기도하던 대로 중심가에서 가깝고 땅은 넓고 방은 많고 값은 파격적으로 싼 집을 40일 만에 허락해 주시기도 하셨습니다. 기도 중에 교회가 없던 지역에 새로운 교회가 하나씩 탄생하는 것을 바라보는 저희들은 한없는 기쁨을 맛보았습니다. 발파라이소 장로회신학대학교의 설립은 이 지역 교회의 새로운 소망이었고, 많은 일꾼들이 배출되어 내일의 목회를 준비하고 있습니다. 7년간 계속된 목회자 세미나는 목회자 교육이 부족한 칠레에서 목회자 말씀운동의 산실이 되었습니다. 선교본부에 같이 자리한 기독교 문화센터의 문화 예술적 선교 접근 방법은 많은 열매를 맺게 해 주었습니다. 음악선교단 공연, 부부 세미나, 연극 공연, 수난절 음악회 등을 통해 뿌려진 복음의 씨앗들은 여러 심령들 속에서 자라나고 있을 것입니다.

특히 3년 전 빈손으로 시작한 기독교 학교 설립의 역사는 수없이 뿌린 눈물과 땀과 여러분의 기도로 진행되었습니다. 지금은 마음껏 복음을 전하며 미래의 일꾼들을 배출해 내는 복음의 요람으로 뿌리를 내려 유치원에서부터 고등학교 1학년 과정까지 갖춘 학교로 성장했습니다. 모든 부동산을 선교 재단에 편입시키면서 평가 가격이 100만 달러 이상을 호가하는 것을 보고 복 주신 수님의 은혜를 느낄 수 있었습니다. 학교는 이미 경제적 자립을 하였고, 본부교회도 성장하여 자립에 이르렀습니다. 감사한 일은 그동안 함께 일하고 있던 원주민 동역자들이 훌륭하게 성장하여 굳게 자기 자리를 지키며 교회를 성장시키고 있는 사실입니다. "그는 흥하여야 하겠고 나는 쇠하여야 하리라"는 저의 기도대로 그들이 귀중한 지도자들로 성장해 주어 주님께 영광을 돌립니다. 무엇보다 감격스런 일은 지난 주간에 제가 교단 대표로 있는 칠레 복음 장로교회와 더불어 다른 두 장로교단이 공식적인 창립총회를 가짐으로써 칠레 안에 있는 하나의 장로교회를 향한 힘찬 행진을 시작하게 된 사실입니다. 하나 되게 하시는 주님의 역사에 우리 한국 선교사들이 한 부분을 차지할 수 있어서 감사할 따름입니다.

이제 제가 왜 떠나게 됐는지를 설명해 드려야 할 것 같습니다. 얼마 전부터인가 자리를 잡아가는 선교의 현장과 성장하고 있는 원주민 사역자들을 바라보면서 아무래도 제가 해야 할 일이 끝나고 있다는 생각과 함께 제 마음속에 저의 미래를 위한 기도가 싹트기 시작했습니다. "주님, 더욱 주께 바치고 사용되기를 원합니다. 저의 미래를 인도해 주시옵소서." 기도하는 저에게 주님은 여러 번 QT를 통해서 저의 미래가 주 안에 있음을 말씀하시면서 위로와 용기를 주셨습니다. 주님은 제 마음속에 이제는 후방으로 돌아가서 그동안의 경험을 나누며 교회에 선교적 부흥을 일으키는 선교적 목회를 하고 싶은 뜨거운 열망을 주셨습니다. 그리고 때가 차매 저를 야곱처럼 다시 고국으로 돌아갈 수 있게 해 주셨습니다. 주님은 그동안 외로운 선교지에서 고독과 고립의 훈련, 주님만 의지하는 훈련, 만나로만 사는 훈련, 철저히 낮아지는 겸손의 훈련, 수많은 배반과 욕하는 자들을 포용하는 훈련 등을 받게 해 주셨습니다. 그러나 이것은 모두 다음 단계를 위한 준비였음을 알고 주님께 감사드릴 것밖에 없습니다.

저는 부산 산성교회 담임 목사로 부임하게 되었습니다. 지금까지 사랑해 주시고 기도해 주신 것처럼 부족한 저를 위해 계속해서 기도해 주십시오. 지금까지 '목회적 선교'를 해 온 제가 이제는 '선교적 목회'를 잘 감당하여 한국 교회와 세계 선교의 귀한 한 부분을 감당할 수 있도록 기도해 주십시오. 특히 부탁드리는 기도는 다시 새로운 환경에 적응해야 할 아이들의 문제인데, 잘 적응할 수 있도록 기도해 주십시오.

제가 해 오던 모든 일은 이재삼 선교사가 담당할 것입니다. 칠레 선교를 위해서도 계속해서 기도해 주셔서 아름다운 선교의 나무가 계속 성장하게 해 주십시오. 다시 한 번 그동안 베풀어주신 기도와 사랑과 위로와 후원에 감사를 드립니다. 주님께서 항상 함께하셔서 힘 주시고 승리 주시기를 기원합니다.

임마누엘!

1996년 11월 16일
남미 칠레 발파라이소에서
새로운 사역을 향해 떠나는 여러분의 선교사
허원구, 배남숙, 경원, 성진 드림

2장
땅 끝으로 돌아오다

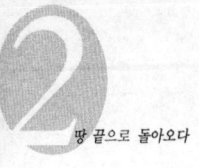

오오, 낙동강

   비행기는 어느덧 낙동강 위로 날아간다. 오오, 낙동강!
   저 펼쳐진 김해 평야! 저 눈앞에 보이는 곳이 내가 자란 제2의 고향 부산! 나의 새로운 땅 끝인 이 도시에서 오늘부터 나는 선교사로 파송된다.
   비행기가 활주로에 안착한다. 72년에 떠난 이곳을 24년 만에 다시 돌아오는 것이 감격스러웠다. 공항 대합실에는 많은 성도들이 환영하러 나왔다. 그리운 어머니와 형님의 얼굴! 땅 끝에서 다시 땅 끝으로 돌아왔구나.
   바다가 보이는 대연동에 우뚝 솟은 산성교회, 이곳에서 바다를 바라보며 다시 땅 끝으로 향하는 선교적 목회를 하리라!

목자의 실존
-허원구 목사 위임식에 즈음하여

임규일 목사

목자가 목장을 허락받는 일
양들이
자기 목자를 만나는 일
서로에게 정말 복되고 다행스럽고
고마운 일이리니

고맙고
하여 다시 또 고맙고 고마워
고맙게 고맙게 서로를 섬길 일이다

선한 목자로 이 땅에 오시어
친히 우리의 목자장이 되신 주 예수 그리스도를 따라서

양으로 생명을 얻게 하고
더 풍성히 얻어 누리도록
오히려 자신의 목숨을 내놓을 수 있어야 하리

그런 양을 만나는 일이라면
그런 목자와 만나는 일이라면
아!
더없이 가슴 뿌듯하고 벅차오르리

그러나
주님께서 허락하셨음에야……

눈물 마를 날 없더라도
땀방울이 핏방울이 된다 해도
그 영이 외롭고 곤고해질지라도

십자가의 길이라면
분명 부활의 길이기도 하리니
그대는 당당히
걸어가렸다!

어디부터 시작할 것인가

 45년 된 교회, 전통과 자랑이 있는 산성교회, 그러나 상처가 있는 교회. 어디서부터 어떻게 목회를 시작할 것인가. 전임자가 11년 동안 목회하다가 교회에서 800미터 떨어진 곳에서 새롭게 개척을 시작하여 교인이 나뉘어진 사정을 들었다. 그것은 분명히 상처이다. 상처는 치유해야 한다. 기도하는 내 마음속에 주님은 목회의 원칙들을 보여 주셨다. 상처는 몸이 건강해지면 저절로 나을 것이다.
 내가 해야 할 목회의 내용을 세 가지로 정리했다. 행복하게 하는 목회, 힘있게 하는 목회, 일하게 하는 목회. 나는 참된 복음을 선포하여 성도들로 하여금 복음 안에서 얻는 참된 행복을 맛보게 하리라. 행복만 느낄 뿐 아니라 성령 안에서 삶의 힘을 얻도록 하여 모두 제 발로 일어서게 하는 성령목회를 하리라. 그리고 일어선 성도들이 무엇을 하며 살 것인가를 분명히 가르쳐서 그들로 하여금 선교적인 사명을 깨달아 전 성도들과 교회로 하여금 선교하게 하는 목회를 할 것이라 다짐하고 목회선언서를 작성했다.

  내 마음속에 여러 가지 하고 싶은 것이 많이 있었지만 나는 서두르지 않았다. 전임자가 해 오던 것을 그대로 살리면서 기도와 말씀에 더욱 주력하는 목회의 기본으로 다시 돌아가려고 했다. 전임자는 좋은 것들을 많이 남겨 놓았다. 예를 들면 새벽마다 전 기관이 돌아가며 사회하고 기도하는 새벽헌신예배는 훌륭한 전통이었다. 그러한 것들은 살려나갔지만 이벤트적인 것과 과시적인 것들은 최대한 자제하며 성도들을 양질의 음식으로 먹이는 일에 전념했다. 그리고 차근차근 교회를 파악해 갔다. 하루에 열 집 이상 심방을 계속해 나갔고, 1년이 넘어서야 끝났다. 처음부터 서둘러서는 일을 그르칠 수 있을 것이다. 칠레 사람들이 좋아하는 말 중에 '렌또 빼로 세구로(lento pero seguro)'란 말이 있다. 천천히 그러나 정확하게, 안전하게 서두르지 않고 하면 결국은 목표를 이룰 수 있다는 말이다. 나는 그렇게 서두르지 않으면서도 한 발 한 발 사역 속으로 깊이 들어가기 시작했다.

새로운 문화 충격

처음 선교사로서 칠레에 갔을 때 엄청난 문화 충격(cultural shock)을 느꼈다. 생활양식, 표현법, 가치관이 온통 뒤집혀 버린 혼돈을 경험했었다. 그 가운데 힘들었던 것은 감정을 일일이 표현하고 말해야 하는 것이었다. 심지어 인사하는 것도 그냥 조용히 해서는 곤란하고 반드시 약간은 호들갑스럽게 포옹하며 뺨에 쪽 소리를 내면서 해야 했다. 그동안 습관이 되어 온 한국 목사의 엄숙한 모습, 말수직은 모습은 그들에게 이방인이 되기에 충분했다. 그래서 그들의 문화에 맞추어 살다 보니 어느덧 내 모습은 남미인으로 변해 버리고 말았다. 나도 모르는 사이에 고개를 들면서 올라(안녕) 하며 인사하는 것도 몸에 배었다. 서슴없이 포옹하며 뺨에 키스하는 것이 너무도 자연스러워졌다. 예배를 두 시간 드리면 인사하고 헤어지는데도 두 시간 정도 걸리는 것이 너무 익숙한 습관이 되었다. 그러던 내가 다시 한국에 돌아오니 나에게는 새로운 문화 충격이 기다리고 있었다.

먼저 한국말 발음이 자꾸만 이상해지는 것이다. 꿈에서도 스페인 말을 쓸 정도로 언어의 주도권이 바뀌어 버렸는데 다시 한국말로 목회를 시작하니 영 입이 이상한 것이었다. 적절한 단어가 빨리 생각나지 않는 것은 심각한 고통이었다. 그리고 'ㄹ' 발음에 문제가 생겼다. 스페인어를 쓰면서 심하게 굴려 발음하던 습관이 그대로 남아 자꾸만 'ㄹ' 발음이 구르는 것이다. 전에는 잘 구르지 않아서 고생했는데 이제는 너무 굴러서 문제인 것이다. 그러나 이런 문제들은 몇 개월 지나면서 다 해결되었다. 다시 내 언어 중추는 정상적으로 작동하기 시작하였다.

그런데 더 심한 문화 충격은 한국의 생활양식이었다. 예배를 마치고 돌아가는 성도들이 그냥 화난 사람처럼 휙휙 지나가 버리는 것이 너무도 이상했다. 그것이 당연한 한국인의 모습이지만 달라진 것은 바로 나였다. 도무지 인사한 것 같지 않은 것이었다. 모든 사람이 내게 좋지 않은 감정을 가진 것처럼 느껴지는 것이었다. 도무지 표현하는 사람들이 없는 것이다. 감정을 속으로 감추고 될 수 있는 대로 표현하지 않는 은근한 한국인의 모습, 그것은 분명 새로운 문화 충격이었다. 그러나 점점 나는 다시 한국 사람으로 새롭게 변화되어 갔다. 그래도 그 따뜻하고 정다운 남미 성도들의 남미식 인사(?)가 가끔씩 그리워질 때가 있다.

예배 갱신

처음 산성교회 강단에 섰을 때 큰 감격을 느끼며 말씀을 전했다. 그런데 점차 내 눈에 들어오는 강대상의 모습은 너무 거창했다. 그 높이나 크기가 청중을 압도할 만한 위용을 갖추고 있었다. 좁은 강단 위에 큰 강대상 두 개가 빼곡이 놓여 있는 모습을 유심히 관찰했다. 먼저 강대상의 높이가 너무 높았다. 설교하고 있을 때는 마치 바티칸 성당의 강대상에 서 있는 느낌이 들기도 했다. 성도들이 목이 많이 아플 것이라는 생각도 했다.

21세기를 준비하면서 새로운 모습의 강단과 영감이 넘치는 예배를 드리고 싶은 열망에 사로잡혔다. 매일 새벽 기도 후 가지는 개인 기도 시간에 나는 새로운 강단과 갱신된 예배를 꿈꾸며 간절히 기도드렸다. 그러나 전통교회에서의 변화와 갱신은 지극히 신중해야 함을 잊지 않았다. 미국의 시카고에 있는 어떤 교회에 부임한 목사님이 성급하게 개혁을 추진하던 중에 피아노의 위치를 옮겼다가 더 이상 목회를 못하고 교회를 떠나야 했던 일도 있지 않았던가. 한 번씩 그 중요성을 이야기하면서 분위기가 무르익기를 기다렸다.

2년이 지나 분위기가 무르익어갈 무렵 조심스럽게 예배 갱신과 강단 개혁안을 끄집어내었다. 우선 장로님들이 전국의 발전하는 교회들을 탐방하기로 했다. 두 사람씩 조를 짜서 매주일 전국에서 앞서가고 있는 교회의 예배와 프로그램, 강단 등을 보고 오시도록 했다. 온누리교회, 사랑의 교회, 인천 주안교회, 창원 양곡교회, 호산나교회 등 여러 교회를 둘러 본 후에 세미나를 열었다. 장로님들은 긴 보고서를 작성하여 각 교회의 특징과 장점들을 분석하며 보고하셨고 심도있는 토론이 계속되었다. 결론은 자연스럽게 나왔다. "발전하는 교회의 특징은 모두 교회가 열려 있었다. 강단도 열려 있었고, 예배도 회중이 적극적으로 참여하는 열려 있는 예배였다. 우리도 발전하는 교회가 되기 위해 그동안 우리가 가지고 있던 틀을 과감히 깨뜨리고 열려 있는 교회를 만들어 보자."

이렇게 하여 예배 갱신의 결단이 이루어졌다. 먼저 높은 강단을 낮추는 작업을 했다. 회중의 가슴에 안기는 듯한 편안한 높이의 열린 강단을 만들었다. 연극과 공연들을 자유롭게 할 수 있도록 70여 평의 열린 공간을 마련했다. 두 개의 육중한 강대상을 치우고 회중과의 소통에 걸림돌이 되지 않도록 자그마하면서도 실용적인 강대상을 준비했다. 바퀴를 달아 언제든지 이동할 수 있게 했고 설교자의 키에 맞추기 위해 높낮이를 자동으로 조절할 수 있도록 했다. 그리고 항상 옆으로 앉아서 예배의 방관자가 되기 쉬웠던 찬양대의 옆자리를 없애고 강단 뒤편에 찬양대가 서는 계단을 만들었다. 그리고 조명 전문가에게 의뢰하여 교회 전체의 조명을 중앙 조절식으로 바꾸고 무대용 조명시설을 했다. 필요에 따라 다양한 조명을 함으로써 예배의 분위기를 돕게 했다. 오랫동안 강단 뒤에 걸려 있었던 십자가를 떼어내고 그 자리에 영상시설을 설치했다. 그리고 우리 교회의 실정에 제일 맞는 예배순서를 마련했다. 은혜로우면서도 질서가 있고 전통적이면서도 현대 감각이 살아 있는 예배순서를 장로님들과 함께 정했다. 그동안 예배순서를 맡은 자들이 사용해 왔던 가운을 과감하게 벗도록 했다. 똑같이 예배하는 자의 입장에서 예배에 동참할 수 있도록 하기 위함이었다. 내가 가운을 벗겠다고 했을 때 어떤 성도가 말하기를 "목사님을 만만하게 보면 어떻게 합니까?" 하며 우려의 뜻을 보였다. 그래서 이렇게 대답했다. "제발 성도들이 저를 만만하게 봐 주시면 더 바랄 것이 없겠습니다. 그래서 만만한 저를 통해 주님의 품에 안기고 주님의 은혜를 매주일 받게 된다면 얼마나 좋겠습니까?" 그러나 그것은 기우였다.

예배가 갱신되고 강단이 열리자 성도들의 마음도 함께 열리기 시작했다. 예배 시작부터 앞에 서서 찬양한 후에 제일 앞자리로 내려가는 찬양대는 예배의 제일 가는 모범생으로 바뀌었다. 마치 성도들의 대표로 바쳐진 제물처럼 너무도 간절하고 아름다운 예배자들로 성숙해 갔다. 이전에는 기도 후에도 계속 강단 위에 앉아 있으면서 자칫하면 예배의 구경꾼이 될 수도 있었을 장로님들도 순서를 마치고 바로 회중석으로 돌아가서 가장 은혜 받는 예배자가 됨으로써 성도들의 표본이 되셨다. 전 예배 순서를 통하여 계속해서 예배에 동참하도록 함으로 예배하는 동안 한 사람도 예배의 방관자 내지는 구경꾼이 없도록 했다. 대부분의 성도들이 하는 말이 예배를 보는 것이 아니라 내가 직접 드리고 있다는 느낌이 든다고 했다. 그리고 가끔씩 예배 시간에 졸았던 성도들도 이제는 졸 틈이 없다고 말하여 함께 웃기도 했다.

무엇보다도 예배 갱신을 통해 얻은 큰 수확은 새신자 정착율의 증가였다. 한번 우리 교회 예배에 참여한 사람은 처음 믿는 사람이라도 쉽게 동화되고 전혀 이질감을 느끼지 않는다고 말했다. 한번 온 사람이 쉽게 등록하고, 등록한 사람은 60% 이상 정착하는 교회로 서서히 변하고 있었다. 복음은 절대로 변해서는 안 되지만 복음을 담는 문화적 표현은 언제든지 변해야 한다. 변해야 할 것은 변하지 않고 변하지 말아야 할 것이 변하는 교회는 생존할 수 없다. 산성교회와 장로님들은 변해야 할 것이 무엇인지 분명히 알고 있었다. 수가성 우물가의 여인처럼 조금도 주저함 없이 전통이라는 물동이를 과감히 던져 버리는 용기를 가지고 있었던 것이다. 늘 곁에서 지켜보고 격려해 주시는 나의 멘토 되신 호산나교회 최홍준 목사님은 "나는 예배와 강단 갱신을 7년 만에야 했는데 허 목사는 2년 만에 이루었다"고 하시면서 기뻐해 주시기도 했다.

신학자 나인 홀드 니버의 기도가 기억난다.

"주여, 내가 변하지 말아야 할 것과 변화해야 할 것을 알게 하소서. 그리고 변화해야 할 것을 변화시키는 용기를 주소서. 그리고 이 둘의 차이가 무엇인지 아는 지혜를 주소서."

청년을 붙잡으라

정체 상태에 들어간 한국 교회의 가장 큰 고민 중의 하나가 교회를 떠나고 있는 청년들의 문제이다. 가까운 미래에 교회의 주인이 될 청년들을 잃어버리면 교회는 소망이 없을 것이다. 부임한 후에 청년들의 집회에 처음으로 참여했다. 그 당시 주일 오후예배는 2시에 시작하여 3시에 마쳤는데 오후예배 후에 얼마 안 되는 청년들이 교회 한구석에서 썰렁한 예배를 드리고 있었다. 마치 파장한 시골 장터와 같은 모습이었다. 이들에게 어떻게 하면 불을 붙일 수 있을까? 떠나가고 있는 청년들을 어떻게 하면 붙잡을 수 있을까? 고민하고 기도하는 나에게 주님은 새로운 도전을 주셨다. "청년을 붙잡으라."

우선은 청년부 전담 목회자가 필요했다. 적절한 때에 호산나교회에서 잘 훈련받은 청년 전문 목회자인 김무수 목사를 보내 주셨다. 그리고 주일 오후 예배시간을 과감하게 저녁으로 변경했다. 그런 다음 2시를 청년을 위한 예배로 만들면서 주일 정규대예배로 승격시켰다. 장로님들이 기도를 하고 내가 설교를 하여 장년들도 참여하는 예배가 되게 하였다. 지금은 내가 두 번 설교하고 청년부 교역자가 두 번 설교하는 예배를 드리고 있다. 그리고 더욱 중요한 것은 청년부 재정의 독립이다. 그때까지 청년들의 재정은 미미했다. 교회에서 얼마간의 보조를 받아서 빠듯하게 쓰고 있었다. 그러나 당회는 청년회의 모든 재정은 독립적으로 운영하도록 허락했다. 말하자면 교회 안에 있는 또 하나의 교회가 세워진 셈이다. 청년예배가 독립되자 그들은 모두 십일조를 하기 시작했다. 열심히 감사헌금을 드리기 시작했다. 지금은 어지간한 교회 수준의 예산을 편성하고 그 예산의 60%를 선교와 구제에 쓰는 바람직한 교회의 모습을 갖추고 성장하고 있다.

산성교회가 위치한 대연동 반경 2km안에는 8개의 대학 캠퍼스가 있다. 그리고 대학 캠퍼스에는 여러 선교단체들이 파송한 학원 선교사들이 활동하고 있다. 교회는 홀로 외로이 사역하고 있는 전투기 같은 그들을 위해 기꺼이 항공모함의 역할을 감당하기로 했다. 그리하여 그들을 매달 지원하기 시작했다. 지역 교회는 학원 선교사들을 돕고 학원 선교사들은 그 열매를 지역 교회에 돌려서 함께 협력하여 하나님 나라를 확장해 나가는 아름다운 일을 시작하게 되었다. 매달 23명의 학원 선교사들을 기도와 물질로 돕고 있는데 주님은 우리가 수고하는 그 이상의 열매를 우리에게 돌려주시고 계신다. 학원 선교 단체들과 지역 교회가 협력하여 사역하는 학원복음화협의회에 가입하여 함께 사역을 시작했다. 그때 마침 적당한 사무실이 없어서 어려워하고 있기에 우리 교회의 한 사무실을 내어 주도록 결정했다. "유월절 먹을 객실이 어디뇨" 할 때 기꺼이 허락한 마가 요한의 다락방이 최초의 교회가 되는 복을 받았듯이 하나님의 나라를 위해 내어놓은 방은 지금도 학원 선교의 요람으로 잘 쓰이고 있다. 교회의 청년에 대한 관심과 투자가 떠나려는 청년들을 붙잡았고 매주일 새로운 청년들로 채워지는 은혜를 받고 있다. 아직도 투자는 부족하다. 이들을 위해 더 많이 투자할 수 있으면 얼마나 좋을까?

"주여, 청년이 살아 있는 교회가 되게 하소서."

청년아 일어나라!

　벌써 여름이 저 멀리 가고 있다. 지난 여름은 참으로 행복했다. 바쁜 목회일정 중에서도 여름 수련회를 떠난 여러 기관들을 방문하고 하룻밤씩 같이 보낼 수 있었기 때문이다. 특히 멀리 남해 한려수도 어느 섬으로 수련회를 떠난 청년들과의 만남은 너무나 인상적이었다. 이렇게 찾아간 것은 그들을 더 알고 느끼기 위해서였다. 그들의 예리한 통찰, 번뜩이는 기지, 신세대의 상큼함과 역동성을 큰 교회당의 긴 의자에 앉혀 두고서는 도저히 볼 수 없고 느낄 수 없었는데 그곳에서 그들의 진면목을 접할 수 있었다. 나는 그들의 얼굴을 바라보며 차세대의 구상을 할 수 있었다. 이들이 바로 나와 함께 뛰어야 할 나의 러닝메이트들이기 때문이다.

십여 년 동안 진행했던 선교사역을 마감하고 고국으로 돌아오는 내 마음속에는 여러 생각들이 엇갈리고 있었다. 그리고 한국으로 돌아오는 이유를 물었다. 그래, 혼자 일하던 이 자리에 수많은 젊은이들을 보내자. 그들을 훈련시키자. 그들에게 도전을 주고 그들의 가슴에 선교의 불을 붙여 세계 선교의 현장으로 밀어내자. 한국 교회를 선교적으로 활성화하는 선교적 목회를 통해 새로운 선교 사역에 임하자. 이것은 새로운 주님의 부르심이었다. 10년 만에 다시 여는 한국 목회는 젊은이 선교의 비전과 함께 시작되었다. 13명의 학원 선교사들과의 연결과 함께 3개 대학 캠퍼스 입양예배, 청년사역 전담 교역자를 모심, 청년예배를 3부 대예배로 승격시켜 드리는 열린 예배는 그 비전을 이루어가는 발걸음이었다. 주님께서 함께하셔서 온 교회는 기쁨으로 이 일들에 동참해 주었다. 나른한 시간인 오후 3시 반에 한 번 더 있는 청년예배 설교시간에는 매주일마다 이상한 힘이 넘치는 것을 느낀다. 같은 내용이지만 11시 예배보다 더 길고 더 열린 모습으로 메시지를 전하는데 피곤함보다는 기쁨이 충만하다. 그것은 교회의 미래와 한국과 세계의 미래를 준비하며 미래의 동역자들과 함께 비전을 나누는 시간이기 때문이다.

　57% 이상을 차지하는 젊은이들을 무시한 채 교회의 내일은 없다. 그들의 이야기를 들어주고 그들을 위한 자리를 만들며 그들과 함께 있는 시간을 만드는 교회가 바로 내일을 준비하는 교회이다. 한국 교회는 100여 년의 전통과 함께 한국 교회 특유의 체질을 형성해 왔다. 여러 강점이 있음에도 불구하고 한국 교회의 산성 체질화에 대한 우려의 소리가 높다. 자기교회 사면의 벽

안에 안주하며 나누어 주지 못하고 흩어지지 못하며 문을 열지 못하고 다투며 당짓는 산성 체질을 개선하는 가장 효과적인 대안은 젊은이 선교이다. 지금 한국 교회는 교회의 성장과 함께 기름이 끼고 혈관은 굳어져서 한국 교회 수난기에 없던 여러 병리 현상을 보여 주게 되었다. 청년이 살아날 때 한국 교회의 콜레스테롤 수치가 낮아질 것이고 동맥경화 증상들이 치료될 것이다.

우리는 밝아오는 21세기의 문턱에서 지금의 청년들이 주역이 될 건강한 교회를 준비해야 한다. 그러기 위해 청년들을 장년으로 대접해야 하며 장년에게 투자하는 관심과 노력이 청년들을 위해서도 동일하게 기울여져야 한다. 그들이 21세기의 주인공이기 때문이다. 그들의 삶의 자리인 캠퍼스를 교회의 새로운 교구로 삼으라. 캠퍼스를 입양하라. 마치 한 나라에 선교사를 파송하는 기분으로 한 캠퍼스를 선교지로 택하고 이미 나가서 일하는 학원 선교사들을 돕고 그들과 연합전선을 펴라. 교회의 대학생들을 과감하게 건전한 학원 선교단체와 연결하고 훈련을 받게 하며 함께 일하는 동역자들이 되게 하라. 선교단체는 교회를 항공모함으로 활용하라. 학원 선교의 열매를 교회에 돌려주라. 그리고 함께 즐거워하라. 대학청년부는 어떤 젊은이도 들어와서 함께할 수 있는 유기체적 생명으로 충만하게 하라. 텃세를 부리지 말라. 어느 교회에 처음 등록한 청년이 열심히 활동하다가 기득권을 가진 청년들의 미움을 사고 뒤로 물러나야만 했던 안타까운 소식을 들었다. 비복음적인 요소들을 과감히 제거할 용기를 가지라. 복음과 함께 교회 깊숙이 들어와 있는 비복음적인 것들은 때로는 율법주의로 나타나며 배타적이며 부정적인 모습으로 나타나기도 한다. 무엇보다 선교적 열정을 회복해야 한다. 열정이란 말을 영어로 enthusiasm이라고 하는데 이 말은 헬라어 en + Theos(하나님 안에서)에서 왔다고 한다. 하나님 안에 있는 자가 열정을 가질 수 있다. 하나님의 나라를 위해서, 캠퍼스 복음화를 위해서, 세계 선교를 위해서, 21세기의 교회를 위해서 뜨거운 열정으로 참여하고 일하는 대학 청년부가 되기를 바란다. 근대 선교의 아버지 윌리암 캐리의 말을 기억한다. "하나님을 위하여 큰 일을 꿈꾸라."

선교지에서 사역하고 있던 어느 날 선교 본부교회 원주민 청년들과 함께 선교집회에 참여했다. 그날 밤 선교 헌신의 메시지가 선포되었고 많은 청년들이 선교사로 헌신하며 앞으로 나아갔다. 그런데 그들 속에는 내가 정성을 다해 키우면서 칠레 교회의 미래 지도자로 생각하던 청년들이 모두 앞으로 나가버리고 말았다. 그때 내 마음속에는 실망의 감정이 밀려 왔다. 이 청년들이 모두 선교사로 나가 버리면 집사, 장로, 목사로 세워서 미래의 칠레 교회 지도자로 세워가려고 했던 나의 기대와 부합하지 않았기 때문이다. 그러나 이내 제정신이 들면서 감사가 넘쳤다. 세계를 향하여 가장 귀한 일꾼들을 모두 선교사로 수출한다면 이것보다 더 주님이 기뻐하는 일이 없음을 깨달았기 때문이다. 사랑스런 젊은이들을 바라본다. 그리고 기도한다.

"주여, 이들을 모두 세계를 향해 흩어 주시옵소서. 좋은 집사감, 장로감들이 와서 선교사로 가겠다고 말할 때 내 마음이 섭섭하지 않게 하시고, 얼싸안고 주님께 감사하며 몇 명이라도 거뜬히 파송할 수 있는 선교적으로 뜨거운 교회가 되게 하소서.

실력있는 교회가 되게 하시고, 여름에는 온 젊은이들을 수십 그룹으로 나누어서 단기 선교를 떠나 보내는 열기로 온 교회가 후끈 달아 오르게 하소서."

저녁으로 돌아가다

언제인가 미국을 여행하던 중 산호세라는 곳에 있는 한 아름다운 교회를 방문해 볼 기회를 갖게 되었다. 그런데 웬일인지 그 아름나운 교회는 건물을 지키고 있는 관리인 한 사람 외의 별다른 인기척이 느껴지지 않았다. 관리인은 번성하던 교회의 교인들이 어느 새인가 조금씩 줄어들더니 이제는 이렇게 아무도 찾지 않는 빈 교회가 되어 버렸노라고 우리 일행에게 설명을 해 주었다. 주일마다 찬양연습을 했을 성가대실, 아이들로 넘쳐났을 교실들, 성도들의 웃음 소리로 가득 채워졌을 친교실 등 건물들은 그 모습 그대로였지만, 그 곳에 있어야 할 사람들은 어디에서도 보이지가 않았다. 그 모습이 꼭 멀지 않은 우리의 미래인 듯하여 마음이 좋지를 않았다.

"우리에게는 이런 미래가 있지 않게 해 주십시오." 안타까운 마음으로 하나님께 기도를 드렸다. 마치 법칙과도 같이 선진화된 국가의 교회들은 하나같이 쇠락의 길을 걷게 되는 것을 보게 된다. 더 이상 삶 가운데 간절히 구해야 할 필요들이 줄어들어서도 그렇겠거니와, 그들의 생활문화가 더 이상 교회의 그것과 맞지 않게 되었기 때문에 또한 그럴 것이다. 그 산호세의 교회도 그랬다고 한다. 많았던 예배들을 성도들의 요구에 따라 하나 둘씩 없애다 보니 결국에는 일주일에 한 번 예배를 드리는 것도 성도들은 성가시게 생각하기에 이르렀고 그렇게 한 사람 두 사람 교회를 떠나가게 되었다는 것이다.

산성교회에 처음 부임했을 때, 우리 교회도 근래의 여느 교회들이 그러한 것처럼 주일 오후예배를 드리고 있었다. '일주일에 한 번 쉬는 주일에까지 하루 종일 예배를 드리며 보내야 하겠느냐?'는 공감대가 이미 산성교회에도 자리잡혀 있었던 것이다. 이해하지 못할 일은 아니었다. 비교적 삶이 여유로웠던, 그리고 딱히 누릴 여가랄 것도 없었던 1970, 80년대와 지금의 교회는 그 여건이 달라져 있다는 것은 인정하지 않을 수 없는 사실이었기 때문이었다. 그러나 한편으로 생각해 보았다. "이렇게 한 가지 두 가지를 양보하다 보면 우리에게 남는 것은 무엇이겠는가?" "그래도 지켜야 할 것은 있지 않겠는가?"

실제로 20년 동안의 주일 오후예배가 우리에게 가져다 준 것은 냉정히 말해 편리함과 잠깐의 안락함뿐이었다. 그것들을 담보한 대가로 우리들은 우리들 속에 있던 예배의 충실함과 감격을 잃어가고 있었다. 다소의 무리를 감수하고서라도 결단해야겠다는 생각을 하게 되었다. 그리고 주일 오후예배를 다시 주일 저녁예배로 돌릴 것을 교회 앞에 제안하게 되었다. 우려했던 것과는 달리 교회는 만장일치로 나의 제안을 받아들여 주었고 별 무리 없이 우리 교회는 다시 저녁예배로 돌아갈 수가 있었다.

저녁예배로 돌아간 덕분에 우리는 많은 것들을 얻을 수 있었다. 거듭되는 예배에 오히려 지쳐 하던 많은 교인들이 예배로 나아오게 되었고 그 결과 곧 오후예배의 배에 이르는 수의 성도들이 저녁예배에 참여하게 되었다. 한 가지 더 얻은 유익은 많은 청년들을 얻을 수 있었다는 것이었다. 주일 오후밖에는 딱히 시간을 낼 수 없는 많은 청년들에게 주일 오후를 온전히 내어 줄 수 있었고, 그들은 그렇게 허락된 시간을 마음껏 활용하게 되었다. 시류를 읽지 못하는 무리한 시도, 교회의 성장을 저해할 지도 모르는 위험한 시도가 될 수도 있을 것이라는 우려와는 달리 저녁으로 돌아간 우리의 시도는 이렇게 성공으로 귀결되어 가고 있다.

"지켜야 할 것들을 지켜야 한다"는 흘러간 광고의 카피 한 구절이 생각이 난다. 우리에게 있는 소중한 것들 중 버리지 말아야 할 것들은 결코 버리지 않는 그런 결단이 우리에게 있어야 할 것이다. 시류를 거스르는 것이라 할지라도 그것이 오히려 우리의 계속되는 승리를 보장해 줄 왕도가 될 수 있다. 그것이 우리 한국 교회를 텅 빈 교회로 만들지 않을 수 있는 하나의 방법이다.

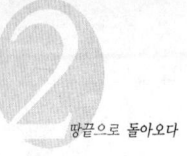

제자훈련—교회를 세우는 기둥

　목회는 정신없이 계속되었다. 꽉 짜여진 목회계획을 따라 몸이 열 개라도 모자랄 정도로 바쁜 나날이 지나가고 있었다. 그러던 어느 날 문득 내 마음속에는 어떤 회의가 일어나기 시작했다.
　'나 혼자 이렇게 열심히 설교하고 심방하고 일하는 것이 목회일까? 이렇게 계속해서 바쁘다 보면 시간도 빨리 지나가겠지. 그리고 내 힘이 소진하고 내 시대가 끝나면 또 다른 일꾼이 세움 받을 테지. 그러면 교회에는 무엇이 남을까? 내 목회가 하나의 소모품에 지나지 않으면 그것이 무슨 유익이 있을까? 나 혼자 바쁘라고 주님이 여기 보내 주시지 않았다. 나 혼자 바쁜 목회를 하지 말고 사람을 키우는 목회를 해야 한다. 내가 가도 영원히 남아 있을 그리스도의 사람들을 세워야 한다.'
　이런 묵상과 함께 주님은 제자훈련사역에 대한 비전을 주셨다. 선교사역을 열심히 하고 있던 시절에 어느 날 부딪혔던 한계와 비슷한 것이었다. 나는 그때 주님의 지상명령을 따라 땅 끝까지 가서 부지런히 전도하여 많은 원주민들에게 세례를 주었다. 그것으로 나는 주님의 지상명령을 이룬 줄 알았다. 그러나 어느 날 기도 중에 주님은 지상명령을 새롭게 깨닫게 하셨다. "그러므로 너희는 가서 모든 족속으로 제자를 삼아 아버지와 아들과 성령의 이름으로 세례를 주고 내가 너희에게 분부한 모든 것을 가르쳐 지키게 하라"(마 28:19~20)는 말씀대로 땅 끝까지 와서 세례를 베풀었지만 가장 중요한 사명인 그리스도의 제자를 삼는 사역은 하지 않고 있었던 것이다. 그래서 한참 선교를 하고 있다가 다시 새롭게 시작한 사역이 제자사역이었다. 제자사역과 함께 선교사역은 더욱 깊이 뿌리를 내렸던 일을 기억했다. 그때 직접 사랑의 교회 옥한흠 목사님의 「평신도를 깨운다」는 교재를 스페인어로 번역하여 사용했었다. 다시 땅 끝으로 돌아와 시작한 한국 목회에서 주님은 다시 새로운 제자훈련사역에 대한 노선을 주셨던 것이다.

  국제제자훈련원에 등록해서 열심히 지도자 훈련을 받았다. 그리고 제자훈련사역을 시작했다. 우선 장로님들이 훈련을 받으셔야만 했다. 그래야 모든 교인들이 기꺼이 참여할 것이 아닌가. 장로님들은 모두 기꺼이 참여해 주셨다. 낭회를 위하여 모이는 것이 아니라 말씀 앞에 훈련받기 위하여 모이는 모임은 아름다웠다. 제자훈련이 진행되면서 서서히 변화도 일어났다. 당회도 제자훈련의 연장선상에 서게 되는 것이었다. 회의 분위기가 갈수록 성숙해져 갔다. 당회 제자훈련이 실패한 많은 예를 알고 있었지만 우리 교회 장로님들은 2년 동안의 제자훈련과정에 열심히 동참해 주어서 산성교회 제자훈련사역의 길라잡이가 되어 주셨다. 당회반과 함께 시작한 남자반과 여자반 두 반을 직접 인도했다.

제자사역을 시작한 이후로 나의 모든 에너지를 제자사역에 집중했다. 세 반을 모두 인도하다 보면 한 주일은 빨리도 지나갔다. 그러나 그것은 단순한 소모전이 아니었다. 성도들이 점점 변하기 시작했다. 공연히 말로 사람들의 마음을 아프게 하던 한 성도는 자신의 언어생활의 문제를 훈련 중에 깨닫게 되었다. 놀랍도록 그의 언어생활이 향기롭게 변하는 것을 보았다. 오랫동안 술을 끊지 못했던 한 성도는 훈련 중에 술과 결별하는 일도 일어났다. 얼마나 술을 좋아했던지 목사님 심방 중에도 잠깐 주방에 가서 한잔해야만 했던 분이었는데 주님께서 술을 아주 영원히 끊게 해 주셨다. 그는 그 사실을 감격 중에 간증하여 온 성도들의 눈시울을 적시게 만들었다.

훈련이 계속되는 동안 당회에서는 한 법이 통과되었다. 내가 요구하지도 않았는데 장로님들이 스스로 발의해 주셨다. 앞으로 중직자가 되려면 필수적으로 제자훈련을 받아야 한다는 법이었다. 이제 온 교회가 제자훈련은 필수적으로 받아야 하는 과정으로 이해하고 있다. 벌써 4기 제자훈련이 진행되고 3기 사역훈련이 진행되고 있다. 훈련받은 평신도들이 여기저기 포진하고 있는 교회는 갈수록 튼튼해져 갔다. 훈련된 제자들이 여기저기 있는 예배는 그 열기가 다르게 느껴졌다. 잠자던 일꾼들이 발굴되고 개발되기 시작했다. 훈련을 마친 사역자들은 교회의 여러 부분에서 양질의 봉사를 묵묵히 감당했다. 여자들만 모여서 드리던 구역예배의 한계를 극복하기 위해 남자 구역을 편성하고 그 이름을 사랑방이라고 하였다. 남자 성도들도 함께 모여 훈련을 마친 사역자들이 인도하는 사랑방 공부에 참여하며 믿음을 키워 가고 있다. 제자훈련으로 교회의 터가 다져지고 평신도를 세워 나가는 사역과 함께 교회의 양적인 증가도 함께 따라왔다. 그 이유는 뒷문이 없어진 까닭일 것이다. 목회자만 바쁜 교회가 아니라 온 성도들이 목회자의 목회 파트너가 되어 함께 일하는 교회의 모습으로 성숙해가고 있기 때문일 것이다.

   제자 삼는 사역, 그것은 그리스도의 지상명령의 구체적인 성취를 가능하게 하고 교회를 세워 주는 가장 확실한 기둥이다.

새 생명 축제
-한 생명 돌아보고 한 생명 구원하자-

　제자훈련사역의 시작과 함께 같이 시작된 것은 새 생명 축제였다. 봄과 가을 두 번에 걸쳐서 하는 이 축제는 교회 전체를 전도의 사명감에 불타게 했다. 천하보다 귀한 생명들을 주님께로 인도하는 일이니 축제라는 표현이 어울린다. 흔히 다른 교회에서는 대각성 전도집회라고 부르는데 제목이 가슴에 다가오지 않아서 새 생명 봄축제, 새 생명 가을축제라고 이름을 붙였다. 축제일은 전도 촉구 설교와 함께 선포된다. 이 선포와 함께 전 교회는 전도 체제로 돌입한다. 축제에 데리고 올 귀한 이름들을 작정하여 써내고 그 이름들을 모아서 교회 입구에 커다랗게 붙인다. 축제를 위한 릴레이 중보기도가 시작된다. 온 성도들은 일사불란하게 움직이며 축제에 대비한다. 이 집회는 보통 교회에서 하는 총동원 주일과는 성격이 좀 다르다. 한 번에 동원할 사람을 모두 데려 오는 것이 총동원 주일이라면 새생명 축제는 3일 동안 8번의 집회를 하면서 목사는 전도 메시지를 전하고, 간중 및 순서는 성도들이 맡으면서 작정해 둔 생명들을 데리고 오게 된다. 밀물처럼 한번 왔다가 다음 주일부터는 썰물처럼 빠져 나가는 총동원 주일과는 달리 알곡을 수확할 수 있어서 효과적이었다. 목사도 순수한 복음설교를 준비하고 전하게 되므로 간절하고 뜨거워지고, 온 성도들이 거듭되는 복음설교를 통해 처음 믿을 때의 감격을 회복하고, 처음 나오는 이들에게는 예수님을 영접하는 기회를 주는 일석삼조의 효과를 얻게 되었다.

한 번 할 때마다 적어도 300명 이상의 영혼을 결실하고 교회의 분위기를 뜨겁게 만드는 축제를 벌써 7회째 하고 있다. 이 축제와 함께 교회는 계속해서 새신자로 채워지고 있다. 한 번 방문한 자의 명단이 작성되어 계속해서 관리하게 됨으로써 당장은 등록을 하지 않아도 횟수가 거듭될수록 마음을 여는 것을 볼 수 있었다. 실제로 축제 때만 방문하던 분 가운데 많은 분들이 몇 년 내에 등록하여 귀한 교인이 된 예가 많이 있다. 이 축제는 해마다 보완해 가면서 주님 오실 때까지 계속할 작정이다. 금년에는 또 어떤 영혼들을 준비해 두셨을까?

"주여, 준비된 영혼들을 만나게 해 주소서!"

매주일 옥동자 낳기

목회가 바빠질수록 초대교회의 사도들이 왜 일곱 집사를 세우고 그들은 기도와 말씀에 전무했는지를 실감하게 되었다. 설교를 마무리해야 할 토요일마저도 여러 가지 일은 꼬리를 물고 일어났다. 심지어 7주기 추도예배까지 부탁을 해 왔다. 부임 후 상당한 기간 동안 나는 모든 요청을 다 받아 주었다. 그리고 그것을 기쁨으로 했다. 그러나 점점 그것이 교회 부흥의 길이 아님을 느끼게 되었다. 다른 모든 일을 아무리 잘해도 말씀이 약해지면 성도들은 은혜를 받지 못할 것이고 교회는 부흥하지 않을 것이다. 그래서 중요한 결단을 했다. 더욱 기도와 말씀에 전무하는 목회를 위하여 더 많은 시간을 투자하기로 작정했다. 장로님들은 기꺼이 이런 나의 결심을 지원해 주셨다. 그래서 금요일 구역장 모임 이후에 책보따리를 싸 들고 양산에 있는 부전기도

원으로 향하기 시작했다. 사무실이건 집이건 계속 울려대는 전화벨 속에서 기도와 말씀에 전무하기는 불가능했던 것이다.

전화 연락도 어렵고 찾아오는 사람도 없는 한적한 곳에서 나는 깊이 주님과 함께 대하는 달콤한 시간을 가진다. 우선 QT를 통하여 내가 먼저 은혜를 받는다. 설교하기 위해 성경을 보는 것이 아니고 주님의 음성을 듣기 위해 성경을 읽는다. 그리고 묵상하며 QT노트를 쓰고 기도한다. 주님은 아주 꼭집어서 나에게 말씀해 주신다. 그리고 한 주일 동안 묵상하며 준비해 왔던 설교를 다듬기 시작한다. 때로는 밤을 새우기도 하면서 말씀 속에 빠져든다. 그 밤은 옥동자 탄생의 밤이다. 묵상하고 또 묵상하며 메시지가 완전히 나를 사로잡을 때까지 가슴에 품는다. 어떤 때에는 해산의 고통 없이 쉽게 말씀의 옥동자가 탄생한다. 그러나 때로는 산통만 10시간 이상 하면서 영 태어 나지 않는 난산을 경험할 때도 있다. 이런 경우 이 설교는 훨씬 더 은혜롭다. 대개는 토요일 오후면 싱글벙글 웃는 말씀의 옥동자를 안아 볼 수 있다. 말씀의 옥동자가 태어난 후에는 얼마나 기쁜지. 그리고 그 말씀이 얼마나 사랑스러운지. 부산으로 돌아오는 차 속에서 나는 즐거워 콧노래를 부르며 찬송한다. 어서 주일이 와야 이 귀여운 옥동자를 성도들에게 보여 줄텐데 하며 주일을 기다린다. 부모의 눈에 제 자식이 제일 이뻐 보이듯이 보잘것없는 설교라도 주님이 주신 것이라서 너무 귀하게 여겨진다. 이렇게 매주일 옥동자 낳아오기 벌써 4년째, 이번 주에는 하나님이 어떤 옥동자를 내 가슴에 안겨 주실까?

"주여, 이번 주에는 아기가 너무 많이 틀지 않게 하소서. 순산하게 하소서!"

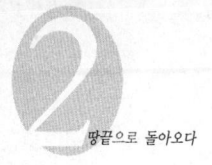

지역 사회를 섬기며

교회의 두 바퀴가 있다면 하나는 말씀일 것이다. 함께 모여 예배하고 말씀을 듣고 말씀을 가르치고 말씀을 전파하는 전도와 선교사역 전체를 이 말씀이라는 바퀴로 대변할 수 있을 것이다. 그러나 이것과 함께 한 가지 바퀴가 더 필요하다. 그것이 바로 섬김과 구제의 바퀴이다. 교회는 지역 사회의 필요를 파악하고 그것을 채워 주어야 한다. 지역 사회가 교회에 등을 돌리면 교회는 부흥할 수 없다. 그래서 힘써 지역 사회를 섬기는 사역을 펼쳐나가고 있다.

산성 문화강좌는 바로 그중의 한 사역이다. 교회의 시설을 지역 사회에 개방하여 손쉽게 교회에 올 수 있게 하기 위하여 여러 강좌를 개설했다. 종이접기반, 사진반, 서예반, 영어반, 일어반, 꽃꽂이반, 기타반 등을 통해 많은 주민들의 요구를 채워 주고 있고 이런 채널을 통하여 교회에 등록하는 예도 많이 있다. 그뿐 아니라 장애 아동을 위한 사랑부예배도 신설하여 매주 30여 명의 장애 아동들이 교회에 와서 개인적으로 한 사람씩 섬기는 교사들의 사랑과 돌봄을 받고 있다. 특히 불신자 부모들도 좋은 반응을 보여 주며 함께 예배에 참여하고 있다. 얼마 전에는 처음으로 장애우들을 위한 세례식도 거행했는데 많은 은혜가 있었다.

또한 소년 소녀 가장을 돕는 일, 독거노인을 돌보는 일을 계속해서 하고 있다. 여성도들이 매주 가져오는 거룩한 쌀은 모두 모아서 동사무소가 소개해 주는 어려운 이웃과 나누는 일을 기쁨으로 하고 있다. 특히 노인들을 위해서 경로대학을 개설했는데 매주 170여 분의 노인들이 모여서 건강강의를 듣고 레크리에이션을 하고 성경을 배우고 있다. 자기 반이 있고 담임이 있어서 마치 공부하는 학생처럼 진지하고도 열심히 참여하고 있다. 또한 IMF와 함께 양산된 실직자와 노숙자들을 위한 무료급식을 지금까지 정성껏 해 오고 있다. 음식 맛이 소문이 났는지 매주 많은 노숙자들이 와서 식사를 하고 차비를 받아 가고 있다. 이런 여러 가지 섬김의 사역들을 해 오던 중에 더욱 효과적으로 지역 사회를 섬기기 위하여 곧 산성복지관을 건립하려고 준비하고 있다. 복지관이 건립되면 지역 사회를 위해 더 나은 봉사와 섬김을 베풀 수 있을 것이고, 조직적이고 전문적인 사역을 펼쳐 나갈 수 있을 것이다.

가지 마오 가지 마오

해마다 이맘 때, 가을이 한창 깊어갈 때쯤이면 많은 상념들이 가슴을 채우곤 한다. 어린 시절의 한없이 낭만적이기만 했던 그것들과 거리가 있는 것이지만 그러나 그 아리한 느낌만은 여전하다. 특히 이맘 때쯤이면 떠나간 많은 사람들이 떠오르곤 한다.

목회를 하며 많은 사람들을 만날 수 있었지만 그만큼 많은 사람들을 떠나보내야 하기도 했다. 이곳 산성교회를 섬기게 되면서 하나님께서는 감당하기 어려울 만큼의 많은 만남들과 헤어짐들을 내게 주셨다. 새로운 만남들이 내게 많은 기쁨을 주었지만 그러나 그 기쁨은 그 와중에 있었던 헤어짐으로 인한 슬픔을 상쇄하기에는 턱이 없는 것이었다.

상황이 그러할 수밖에 없다는 것을 잘 알면서도, 한 사람도 그냥 덤덤하게 떠나보낼 수는 없었다. 떠나려는 사람이 생길 때마다 가지 말라고, 남아 있어 달라고 애원을 했고, 그 중에는 그런 나의 애원 때문에 무리를 하면서까지, 고통을 감내하면서까지 남아 있게 된 사람들이 있었다. 그렇게 남아 있게 된 사람들을 볼 때마다, 조금은 구차할 수도 있었던 그때의 내 행동이 얼마나 잘한 행동이었다고 스스로 느끼게 되는지 모른다. 그러나 끝내 가슴에 깊은 생채기를 남긴 가슴 아픈 헤어짐들도 있었다. 가지 말라고, 제발 남아 있어 달라고 애원을 하며 매달렸지만 끝내 뿌리치고 떠난 그런 사람들이 있었다. 그들의 빈자리는 이내 새로운 사람들로 채워졌지만 그러나 내게 그들의 자리는 여전히 빈 채로 거기에 그대로 남아 있다.

가끔씩이기는 하지만 떠났던 성도들이 다시 교회로 돌아오는 경우가 생기곤 한다. 몇 주 전 주일에도 한참이나 떠나 있었던 한 성도가 다시 교회로 돌아온 일이 있었다. 산성교회에 부임하며 처음 만났던 성도들 중 한 명이었다. 기쁨과 슬픔을 함께 나누었던 첫사랑과도 같은 사람이었다. 떠나겠다고 했을 때, 가지 말라고 그렇게 붙잡았었고, 뿌리치고 떠났을 때 며칠이고 그 아픔 때문에 괴로워해야 했던 사람이었다. 2부 예배를 들어가려는데 담당교역자가 그 성도가 돌아왔다는 소식을 상기된 표정으로 전해 주었다. 들뜬 기분에 예배도 서둘러 마치고 뛰어 내려와, 기쁨에 겨워 다음 예배시간이 다 된 것도 잊은 채 이야기로 시간을 다 보냈었다. 그 성도의 손을 붙잡고 부탁을 했다. 아니 애원을 했다. 다시는 가지 말라고 다시는 마음 아픈 이별을 하지 말자고 말이다.

집 나간 아들을 포기할 수 없어 동구 밖까지 나가 날마다 아들을 기다렸다는 말씀 속 아버지의 심정이 그러했을 것이다. 돌아온 아들 때문에 이것저것 가리지 않고 기쁨에 들떴던 아버지의 심정이 그러했을 것이다. 떠나간 한 생명 때문에 가슴 아파하고, 돌아온 한 생명 때문에 한없이 기뻐하시는 주님의 마음이 그러할 것이다.

새로운 성도들을 만날 때마다, 그렇게 돌아온 성도들을 만날 때마다 하나님께 기도한다. "하나님 헤어지지 않게 해 주세요. 다시는 가슴 아픈 이별을 하지 않게 해 주세요." 그렇게 기도한다.

아직도 내게는 집을 나간 많은 가족들이 있다. 그리고 이렇게 상념에 젖어드는 계절이 되면 그렇게 집을 나간 가족들 때문에 내 마음은 또다시 홍역을 앓는다. 집에 많은 가족들이 있지만 이런 날이면 내 마음은 한없이 동구 밖으로 향하기만 한다.

대연동의 잠 못 이루는 밤

저는 미국의 시애틀을 좋아합니다. 유랑하듯 이곳 저곳을 전전해야 했던 선교사 시절 많은 사람들이 가진 것 없는 선교사에게 상처를 주었습니다. 도움은 고사하고 문전박대를 당해야 했던 일이 비일비재했습니다. 아마도 열 곳을 방문하면 사랑으로 대해 주는 곳 한 곳을 만나기가 어려웠던 것으로 기억합니다. 그러나 개중에는 그런 가운데도 힘이 닿는 대로 도움을 주고 위로와 격려를 주던 곳이 있었습니다. 시애틀이 유독 저에게는 그런 곳이었습니다. 그 곳에는 저를 반겨주던 많은 동역자들이 있었습니다. 본국에 있는 대형 교회들처럼 큰 도움을 주지는 못했지만 그들은 항상 저를 위해 기도해 주었고, 힘이 부칠 만큼 도움을 주곤 했습니다. 선교지의 힘든 하루하루의 삶 가운데서도 생각하기만 해도 다시 힘이 나는, 그들은 제게는 그런 사람들이었습니다.

특별한 일이 있었던 것도 아니었지만 웬일인지 시애틀을 방문할 기회들이 몇 차례 주어진 적이 있었습니다. 그럴 때면 그로부터 몇 달 몇 날 전부터 제 가슴은 미리 설레곤 했습니다. 아니나 다를까 시애틀 공항에 내리자마자 그들은 언제나처럼 달려와 나를 반겨 맞아 주었고, 그렇게 한참 만에 만난 날이면 어느 이름 모를 바닷가에 있던 커피집에서 기쁨에 겨워 이야기로 밤을 새우곤 했습니다. 그런 추억이 있기에 저에게는 아직도 시애틀이 생각만 해도 좋은 곳입니다. 그래서 그런지 "시애틀의 잠 못 이루는 밤"이란 영화를 지금도 손꼽아 좋아하고, 한국의 목회자에게는 다소 어울리지 않는 문화인 '스타벅스 커피'를 즐겨 하기도 합니다.

근래에도 못 이기도록 기분이 좋아지곤 하는 날엔 가끔씩 집 근처에 있는 스타벅스 커피집을 찾곤 합니다. 그리고 이기지 못할 만큼 커피를 마시고 그 커피 기운에 취해 잠 못 이루는 밤을 보내곤 합니다. 고민이 많거나 괴로울 때 사람들은 잠을 못 이루곤 한다지만, 그러나 저는 반대로 너무 기쁘거나 행복하면 잠을 잘 이루지를 못합니다. 흔치 않은 그 기분이 아까워서, 그 기분을 마음껏 누리고 싶어서 그런 것 같습니다.

더 외로운 한국에서의 목회생활. 가끔씩은 그때의 기분을 추억하고 싶어질 때가 있습니다. 그럴 때면 보이는 대로 만만한 (^^) 사람들을 데리고 가서는 밤늦도록 차 한 잔으로 밤을 보내고는 합니다. 특히 선교사를 파송하기라도 한 주일 밤이면 어김없이 그곳을 찾아 밤을 보내고는 합니다.

영원히 선교사로서 삶을 마칠 줄 알았던 저를 하나님께서 이곳 부산에 보내셨을 때, 처음에는 "이것이 잘못된 선택일 수 있지 않을까?" 하는 염려가 있기도 했습니다. 때로는 "내가 왜 여기에 있나?" 회의가 생기기도 했습니다. 그러나 보내는 일을 하게 되고부터는 깨닫게 되었습니다. 하나님께서 이곳 부산 대연동에 나를 다시 선교사로 보내셨다는 사실을 말입니다. 여전히 선교사로서의 내 정체성을 지키고 있다는 사실을 확인할 수 있어서인지 선교사를 파송한 날 밤은 말할 수 없는 기쁨과 감격이 가슴속에 채워지곤 합니다. 그리고 그렇게 채워진 행복감을 더 누리고 싶어서 아내와 함께 사랑하는 사람들과 함께 아직도 그렇게 밤을 지새우곤 합니다. 그렇게 한 시, 두 시를 훌쩍 넘기고 든 잠자리에서 하나님은 제 마음속에 말씀하십니다. "허 목사야, 너는 아직도 여전히 선교사로구나." 그러면 저는 이렇게 대답을 합니다. "하나님 잊지 않겠습니다. 계속 선교사로 살겠습니다." 그렇게 말입니다. 그렇게 잠 못 이루는 주일 밤이 깊어가고 거의 뜬눈으로 밤을 새우지만, 그 밤이 지난 새벽이 전혀 피곤하게 느껴지지 않습니다. 오히려 그런 날이면 예전보다 교회로 향하는 발걸음이 한결 가볍기만 합니다. 저의 잠 못 이루는 밤은 이렇게 계속되고 있습니다.

3장
다시 땅 끝을 향하여

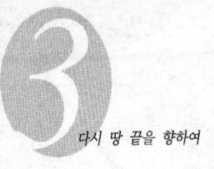

땅 끝을 향하게 하는 목회

칠레 선교사역을 마감하고 다시 칠레 형제들이 나를 부산으로 파송할 때 내 마음속에는 선교사라는 생각을 가지고 도착했다. 그도 그럴 것이 칠레는 25%의 신자율을 가지고 있지만 내가 사역하는 도시 부산은 7%밖에 안 되는 까닭이다. 목회를 시작하는 내 마음은 온통 교회를 통하여 펼쳐나갈 선교의 꿈으로 가득 차 있었다. 그러나 너무 성급하게 펼치다가는 오히려 역효과가 날 수 있음을 알고 최대한 나의 발톱을 감추었다. 자꾸 선교를 강조하다가 선교사 출신이라서 선교 밖에는 모른다는 선입견의 벽을 쌓을 수 있다는 생각으로 의도적으로 선교의 메시지를 자제했다.

그러나 기침과 사랑은 숨길 수 없다는 탈무드의 말과 같이 내 속에서 불타는 선교의 열정을 감추어 두기는 어려웠다. 교회가 자리를 잡아가면서 서서히 교회로 하여금 땅 끝을 향하는 비전을 가지도록 도전했다. 처음에는 작고 손쉬운 것부터 시작하는 것이 중요했다. 그래서 제1회 단기선교단을 일본에 파송했다. 철판에 씨를 뿌리는 것과도 같은 복음의 불모지에 가서 직접 부딪혀 보게 함으로써 선교의 감을 잡을 수 있을 것이라고 생각했다. 50여 명의 청년들과 장로님 한 분, 그리고 교역자 한 분을 파송했다. 준비부터 돌아올 때까지, 그리고 그 후에도 선교의 열기가 온 교회에 가득했다. 선교운동처럼 그 파급 효과가 큰 사역도 없다. 그 이듬해에는 좀더 간이 커져서 아예 두 팀을 중국과 일본에 각각 파송했다. 첫해보다 더 큰 반향을 일으켰다. 무엇보다 인솔하여 가신 장로님들의 변화가 두드러졌다. 돌아와서 선교 보고를 하는 장로님들은 어느새 선교 부흥사로 변해 있었다.

그 다음에는 좀더 먼 곳으로 가기로 했다. 하나님이 우리 교회에 허락한 선교지인 태국으로 향했다. 그곳에서는 더 구체적인 계획을 세웠다. 지금까지 산발적이며 일회적으로 해 왔던 선교를 더욱 집중적으로 펼쳐 가는 것이다. 교회는 태국에 집중적으로 포화를 퍼붓기 시작했다. 벌써 여섯 교회를 세웠다. 그리고 선교센터를 치앙마이에 건립하고 있다. 그곳에 있는 김태민 선교사와 협력하여 신학교 사역, 제자훈련 사역, 개척교회 지도자 양성 사역 등을 펼쳐 나갈 것이다. 금년 8월 25일에는 그곳에서 개관예배도 드리게 될 것이다. 교회는 아예 선교센터 건립을 위해 장로님 한 분을 교회 선교사로 파송했다. 바로 그분이 김현주 장로님이신데 정년 은퇴식을 거행하던 날 파송식도 함께 겸하여 파송장을 수여했고 내외분이 함께 지금 태국에서 땀을 흘리고 사명을 감당하고 계신다. 교회가 선교에 온통 관심을 가지게 하는 여러 가지 방법 중에 가장 효과적인 방법이 여기 있다. 장로님들을 현지에 보내라. 그러면 교회의 기도가 달라질 것이다. 매번 기도 때마다 빠짐없이 선교지를 위해 기도하게 될 것이다.

50주년을 맞은 교회는 지금 선교에 대한 열망과 의욕으로 충만해 있다. 그러나 지금까지의 모든 것은 준비에 불과하다. 이제 시작일 뿐이다. 사람도 관심도 기도도 물질도 땅 끝까지 가게 해야 한다. 그리하여 속히 복음을 땅 끝까지 증거하여 주님의 재림을 준비해야 할 것이다. 주님은 복음이 만국에 전파되고 난 후에야 끝이 오리라고 말씀하셨다. 저 정글 오지에 있는 마지막 종족이 예수가 그리스도인 것을 알게 되는 그날에 주님은 이 땅에 다시 오시리라. 이것이 바로 주님께서 나를 땅 끝에서 부르신 부름의 이유가 아니겠는가.

"주여, 우리를 선교의 도구로 사용해 주소서!"

다시 땅 끝을 향하여

일본 단기선교
―Love Japan에 즈음하여―

불꽃 튀는 어학훈련에 들어갔다. 같은 반 동료 중에 일본 도요타(Toyota) 지사장 부인이 있었는데 그녀는 매우 얄밉게 생긴 일본 여자였다. 마침 그날은 원폭 투하 기념일이었다. 그 여자는 수업 시간에 흥분하면서 미국을 욕하고 있었다. 얼마나 혈압이 오르던지, 나는 그녀에게 쏘아 주었다. "왜 원자폭탄이 떨어졌는지 그 이유를 생각해 보았습니까?" 그러나 그녀는 막무가내로 미국에 대한 욕만 했다. 그 뻔뻔스런 얼굴이라니!

오늘 아침 Love Japan에 참여하지 못하는 한 형제를 만났다. 그 이유가 재미있었다. 아직 마음의 준비가 되어 있지 않단다. 용서가 아직 안 된다는 뜻일까? 마음이 내키지 않는다는 뜻일까? 하기야 많은 일본에 파송된 한국 선교사들이 하나같이 처음에는 요나처럼 그곳에 가지 않으려고 하나님께 엄청난 저항을 했다고들 하지 않는가! 가깝고도 먼 나라, 조상의 나라이며 은사의 나라인 한국에 엄청난 피해를 입힌 나라, 일본이란 말만 들어도 한국 사람의 몸에 두드러기가 돋게 하는 나라! 그곳으로 하나님은 우리를 보내신다. 바로 우리가 용서하고 사랑해 주어야 할 나라이기 때문이다. 그들의 온갖 만행과 이 민족 위에 퍼부은 저주를 우리가 갚아야 한다. 바로 그들에게 최고의 사랑을 전해주는 것이다. 새 생명이신 예수를 전해 주는 것이다. 주님의 복음은 그들의 무딘 양심을 깨워 줄 것이고 그들로 하여금 진정한 회개에 이르게 하여 새로운 민족이 되게 할 것이다.

한국은 오래전에 일본의 정신적이고 문화적인 스승이었다. 이제 그들의 신앙적인 스승의 역할을 감당해야 한다. 1%도 되지 않는 일본의 기독교 인구! 가장 가까이 있는 우리들! 그래서 우리가 간다. 일본은 한국의 사마리아 땅이다. 우리가 가서 안아주고 용서해 주어야 할 땅이다. 우리 속에 있는 해묵은 응어리는 십자가 앞에 던져 버리자. 그리고 가서 우리와 예수님 때문에 당신을 사랑한다고 말하자! 예수님이 사랑하시니 우리도 사랑한다고 말하자. 이번에 땀을 흘린 산성의 자랑스런 젊은이들이여! 가서 외쳐라!

We Love Japan! Jesus Loves Japan!

일본 선교와 함께 세계로 향하는 선교의 문이여, 산성의 젊은이들 앞에 활짝 열릴지어다!

태국 단기선교
— 고지를 바라보며

영화 '라이언 일병 구하기'에는 상륙을 준비하고 있는 초조한 병사들의 모습이 나타난다. 폭탄이 떨어지고 있는데 그 사이를 뚫고 상륙정이 돌진한다. 명령이 하달되었기 때문이다. 태국 단기선교의 대장정이 카운트다운에 들어갔다. 매일 새벽마다 기도하며 준비하고 있는 단기선교단을 바라보니 나의 마음은 위험한 상륙을 기다리는 병사들을 바라보는 대견함과 염려스러움이 함께 뒤섞인다. 이번 여행은 그저 편히 다녀올 수 있는 비전 트립이 아니다. 1% 미만의 복음화율을 가진 불교 나라 태국에 깊숙히 들어가서 악한 영들과 투쟁하고 복음을 전해야 하는 영적 실전이며 선교 상륙작전이다.

우리가 점령해야 할 고지는 이미 하달받았다. 라후족과 아카족, 그들이 우리가 깃발을 꽂아야 할 고지이다. 이번 작전을 통해 많은 것들을 기대하지 말라. 라이언 일병 하나를 구하기 위해 엄청난 인명과 물량이 투자되었듯이 단 한 사람의 영혼이라도 구하고 돌아온다면 이번 상륙작전은 성공이다. 다른 어떤 것보다 사람 구하는 일에 모든 관심을 집중하라. 모든 시간을 아껴서 사람들을 만나라. 그리고 주님이 당신을 사랑하셔서 십자가에 죽으셨고 당신을 살리기 위하여 나를 먼 곳에서 이곳까지 보내셨다고 전하라. 우리가 구해야 할 라이언 일병들을 꼭 구하고 돌아오라.

여호수아가 여리고 성 전투를 앞두고 초조한 마음으로 여리고 성에 접근했다. 그는 거기에서 칼을 뽑아 들고 서 있는 여호와의 군대장관을 만난다. 이스라엘 백성보다 먼저 하나님께서 그의 군대장관을 그곳에 파송하신 것이다. 여호수아는 그 앞에 엎드려 경배했다. 무엇을 말하는가? 이스라엘의 전투가 아니라 하나님의 전투인 것이다. 주님이 우리 먼저 그곳에 가셔서 모든 준비를 마쳐 두었음을 믿고 담대히 전진하라. 그곳에서 우리를 기다리는 하나님의 군대를 만나는 체험을 하게 될 것이다. 아무것도 두려워하지 말라. 오직 우리와 함께 싸우시는 주님과 함께 한 걸음씩 나아가라.

강하고 담대하라, 산성의 용사들아! 이기고 돌아오라, 복음의 전사들이여!

나팔 부는 노인

여름마다 실시해 오던 단기선교단을 올해에는 좀더 먼 곳으로 파송했다. 일본, 중국을 거쳐 그동안의 집약된 경험을 바탕으로 불교의 나라 태국으로 향했다. 가까운 주변 나리에 단기선교단을 보낼 때보다 훨씬 더 많은 준비와 기도가 필요했다. 선교단의 사역지는 태국에 살고 있는 소수 민족인 라후족과 아카족이었다. 태국 북부의 치앙마이에서 북쪽으로 한참 떨어진 산 속에 살고 있는 라후족 마을에 이미 개척교회를 세운 바 있어서 그곳을 중심으로 선교 활동을 시작했다. 낮 동안 열심히 전도하여 저녁집회를 시작했는데 아이들까지 160여 명의 라후족이 모였다. 그런데 이중으로 통역된 복음을 듣고 모두 기도하게 되었을 때 한 노인이 고함을 지르고 밖으로 뛰쳐나갔다. 대원들은 긴장했다. 악령의 역사라는 선입견을 가졌기 때문이다. 그런데 이 노인은 밖으로 나가서 자기 부족이 사용하는 나팔을 크게 불기 시작했다. 제지하기 위해 같이 나간 대원들은 그 광경을 구경하고 있을 수밖에 없었다. 잠시 후 그 노인에게 왜 그랬냐고 물었을 때 그 답변은 의외였다. 복음을 듣고 있던 그는 너무도 감격하여 견딜 수가 없었던 것이다. 그래서 고함을 지르고 밖으로 나왔고 기쁜 일이 있을 때 사용하던 그들의 나팔을 크게 불었던 것이다. 그렇다. 그 나팔은 하나님의 사랑을 깨달은 자가 부는 기쁨의 나팔, 은혜의 나팔이었던 것이다. 기뻐할 일이 전혀 없는 산골의 소외된 소수민족, 화전으로 연명하며 마약으로 그들의 고달픈 인생을 달래야 하는 그들, 시민권조차도 없는 불쌍한 그들이 복음을 듣고 너무 기뻐서 소리치고 나팔을 불었던 것이다.

이 지구상에는 이렇게 아직도 복음을 듣지 못한 12,000여 미전도 종족이 있다. 그들 종족들이 가지고 있는 나팔들은 언젠가 복음을 듣고 감격한 자들이 기쁨에 겨워 불어 주기를 기다리고 있을 것이다. 우리는 지난 주일에 하루 종일 구원의 감격 속에 찬송하고 기뻐하며 하루를 보냈다. 우리끼리만 기뻐하는 것은 공평하지 못하다. 아직도 세계 곳곳에 복음을 듣지 못하고 있는 사람, 그래서 기쁨을 모르는 사람이 셀 수도 없이 많은 데 우리는 지금도 우리만의 잔치를 계속하고 있다. 하나님의 교회는 마땅히 이 복음을 땅 끝까지 전하는 일을 우선적으로 계속해야 한다. 지난 3년 동안 한국 교회의 선교는 엄청나게 위축되었다. 고지를 지키는 많은 선교사들은 보급이 끊긴 채 고립되어 홀로 외로이 고투하기도 했다. 자급해 보려고 부두 노동자 일을 하다가 사고로 죽기도 했다. 이제 IMF를 졸업했다는 공식적인 발표도 있었다. 우리 총회도 선교사 생활비를 종전대로 환원한다는 발표를 했다. 이런 발표보다 더 중요한 것이 있다면 그것은 교회의 선교 사명 의식과 선교 열정을 IMF 이전으로 회복시키는 일이다. 해외여행 수준은 벌써 이전으로 돌아갔는데 움츠려진 한국 교회의 선교 열정과 선교 주머니는 아직도 회복되지 않고 있다. 이제는 과감히 선교를 위하여 마음을 열어야 한다.

단기선교를 마치고 온 후 교회는 태국 소수민족 전도를 위한 선교센터 건립을 결정하고 2천여 평의 땅을 구입기로 했다. 교회 복지관 부지 매입으로 재정이 없는 교회는 기꺼이 은행 융자를 얻어 선교지로 보내기로 했다. 그렇다. 빚을 얻어서라도 진행해야만 하는 것이 선교인 것이다. 우리의 눈에는 복음을 듣기 위해 목이 빠지도록 기다리고 있는 그들이 분명히 보이기 때문이다. 라후족 노인이 감격하여 부르는 나팔 소리를 들었기 때문이다.

벌써 2001년을 준비해야 할 시간이 다가온다. 각 교회는 새해 예산을 준비하게 될 것이고 사업 계획을 구상할 것이다. 중요한 원칙 하나를 제안한다. 긴축된 선교비 예산을 종전대로 환원하라. 아니 증액하라. 이것은 낭비가 아니라 교회를 교회 되게 하는 일이요, 이 일을 통하여 잠자는 교회에 활력을 불어넣는 영적 부흥의 기류가 형성될 것이다. 교회의 울타리를 벗어나서 복음 들고 바다를 건너고 산을 넘으라. 복음을 전하라. 그래서 원주민들의 집에 걸려 있는 먼지 묻은 나팔들이 감격 속에 울려 퍼지게 하라. 저 산골에 있는 마지막 종족의 나팔이 울려 퍼질 때 천사들의 나팔도 울려 퍼지며 우리 주님이 이 땅에 재림하실 것이다.

뒷줄에 선 사람들
― 온두라스 원주민 선교 여행기

벳세다 들판에 많은 사람들이 모였다. 예수님의 손에 떡 다섯 개와 물고기 두 마리가 들려진다. 축사하신 후에 제자들에게 나눠 주신다. 마침 운좋게 앞줄에 앉아 있던 자들은 먼저 떡을 받는다. 그때 뒷줄에 있던 자들이 소리 지른다.

"여기요, 여기! 우리는 아직 한 번도 받지 못했소."

앞줄에 있던 자들이 배가 불러서 음식 맛을 투정하고 있는 동안에 뒷줄에 서 있는 자들은 굶주림에 시달려야만 했을 것이다. 한국은 원래 뒷줄에 서 있던 민족이었다. 은자의 나라, 고요한 아침의 나라로서 모든 앞줄에 있는 자들에게 잊혀진 민족이었다. 그러나 뒷줄에 있던 한국 민족을 위해 떡과 고기를 넘겨 주었던, 앞줄에 서 있는 자들이 있었다. 그들은 그들이 받은 떡을 들고 이역만리를 와서 우리에게 복음을 전해 주었다. 이제 어느

덧 한국 교회는 세계가 인정하는 앞줄에 서 있는 교회가 되었다. 1,000만 성도가 있고 수많은 교역자가 있으며 해마다 입시경쟁으로 치열한 신학교를 가지고 있고 이 강산 구석구석에 교회 없는 곳은 없다. 다시 우리가 뒷줄에 서 있는 자들을 기억해야 할 때를 맞았다.

10여 년의 선교사역을 마감하고 다시 고국의 부름을 받아 새롭게 시작한 목회 사역이 벌써 2년이 되었다. 선교사일 때에는 교회를 세우고 지도자를 훈련하며 제자를 양육하는 목회적 선교를 했지만, 지금은 교회의 선교적 사명을 고취시키고 그리스도의 증인들로 파송하기 위해 훈련하는 선교적 목회를 감당하기 위해 노력하고 있다.

얼마 전부터 전화가 왔었다. 중미 온두라스 원주민 교역자들을 위해서 이곳에 와서 말씀을 전해 달라는 간곡한 부탁이었다. 몇 번을 거절했지만 요청은 집요했다. 그들의 모습이 뒷줄에 서 있는 자로 다가오기 시작했다. 그래서 그들에게로 가기로 했다. 25시간의 지루한 여행 끝에 도착한 온두라스는 그야말로 뒷줄이었다. 시차도 잊은 채 도착 즉시 집회가 시작되었다. 목말라 있는 그들에게 복음을 전하는 나의 마음은 기쁨으로 충만했다. 하나님은 가슴을 열고 입을 열어 주셔서 2년 동안 사용하지 않았던 스페인어가 믹힘이 없이 술술 나오게 해 주셨다.

그들은 뒷줄에 서 있는 사람들이었다. 전 국민의 20% 가량이 에이즈 양성환자라고 한다. 7천 명이 다니는 어떤 대학은 2천 명이 보균자라고 한다. 수련회에 참여한 한 목사님도 그 형이 에이즈로 죽으면서 맡긴 두 아들을 같이 데리고 왔다. 강도가 들끓어 아무 데서나 차를 세워 기관총으로 난사하면서 돈을 털어 간다고 한다. 심지어 선교사도 총을 갖고 있지 않으면 살 수 없는 나라라고 한다. 2백여 명의 원주민 교역자가 모였으나 신학교육을 제대로 받은 사람은 드물다. 그들을 훈련해 줄 사람이 없는 것이다. 나는 4일 동안 앞줄에 서 있는 자의 부채감으로 목이 쉬도록 그들에게 하나님의 말씀을 전하고 그들을 격려했다. 로스앤젤레스의 작은 불꽃 선교회에서 온 세 명의 의사들은 계속해서 환자를 진료했다. 집회를 진행하는 박명하, 김상익 선교사의 활약은 눈부셨다.

마치는 날에 놀라운 일이 벌어졌다. 말씀을 전하는 중 북한의 실상을 소개하면서 북한을 위해 기도해 달라고 부탁하며 남북통일의 소원을 나누었는데 내가 없는 사이에 그들은 북한 땅에 다시 복음이 전파되기 위해 헌금을 했던 것이다. 가난하기 그지없는 그들의 주머니를 털어 무려 450달러를 헌금했다. 그 중에는 시계를 풀어 바친 자도 있었다. 장내는 눈물의 도가니가 되었다. 대표는 이렇게 말했다.

"우리는 가난하지 않습니다. 우리보다 더 가난하고 고통당하는 북한의 형제들을 위해서 이 헌금을 드립니다. 속히 통일될 것을 기도합니다."

그리고는 모두 나와서 나에게 손을 얹고 기도해 주었다. 지금까지 받아 본 기도 중에 가장 강력한 기도를 받았다. 큰 은혜와 능력이 임하는 것을 느낄 수 있었다. 내 온몸이 불덩이처럼 뜨거워졌다. 내가 은혜 베풀러 왔다가 오히려 큰 은혜를 받게 되었다. 선교는 항상 그렇다. 주러 가서 받고 오고, 말씀을 전하다가 오히려 전하는 자가 더 큰 은혜를 받는 역사가 일어난다. 앞줄에 있는 자들은 배가 불러서 음식 맛이나 평가하고 있을 위험이 있을 수 있다. 오늘 설교는 너무 딱딱하다느니, 너무 지루하다느니 하면서 불평하는 동안에 아직 한 번도 말씀을 듣지 못하고 있는 뒷줄에 서 있는 자들은 굶주리고 있는 것이다. 그들을 잊어 버리고 나만을 생각하는 이기주의에 빠져서는 곤란하다.

한국 교회는 앞줄에 서 있는 자들이다. 예배당, 교육관, 수양관을 다 짓고 여기가 좋사오니 하고 머물러 있으면 초막 셋을 짓고 변화산에 머물기를 원했던 제자들과 다를 바 없다. 우리에게 주신 음식은 이미 충분하다. 벌써 세 번도 더 받은 우리들이다. 이제는 뒷줄의 사람들을 기억해야 한다. 그들에게로 가서 우리 손에 있는 떡과 고기를 전해 주자. 한때 수많은 교회와 지도자들이 배출되었던 북부 아프리카는 자기들이 받은 떡과 고기를 넘겨주는 선교적 사명을 다하지 않다가 지금은 모두 회교권으로 변해 버리지 않았는가. 앞줄에 있는 자의 부채감을 가지고 뒷줄에 서 있는 자들을 위하여 기도하고 그들에게로 가서 복음을 전하라.

프랑스 코스타

　코스타 본부로부터 프랑스 코스타에서 말씀으로 섬길 것을 제안받았다. 이제 교회도 안정기에 들어갔고 처음 한국으로 나올 때의 각오도 있고 해서 기꺼이 허락했다. 긴 비행을 마치고 프랑스 파리에 도착했다. 워낙 먼 거리를 여행해 왔기에 열 시간 남짓은 아주 잠깐처럼 느껴진다. 프랑스에는 많은 한국 유학생들이 있었다. 이국 땅에서 힘들게 유학생활을 하고 있는 그들은 마치 목마른 사슴처럼 말씀을 사모했다. 집회 장소는 아주 오래된 성당이었는데 침례교회가 구입하여 교포 선교를 위한 기지로 사용하고 있었다.
　그곳에 모인 학생들은 벌써 개성이 강한 프랑스인을 닮아버린 모습들이었지만 그들의 찬송하는 모습은 너무도 간절했다. 거기에는 불신자들도 많이 있었다. 피 묻은 예수 그리스도의 복음을 소개했다. 주님 앞에 마음을 열고 예수님을 영접하는 유학생들의 결단을 볼 수 있었다. 집회가 끝났는데도 흩어지지 않고 뜨겁게 기도하는 그들의 기도 속에서 그들의 영적 갈증을 이해할 수 있었다.

잠시 시간을 내어 몽마르트 언덕에 올랐다. 순교자의 언덕이라는 이름을 가진 유명한 언덕이다. 원래 프랑스에는 위그노라 불리는 개신교인들이 많이 있었다. 그러나 혹독한 가톨릭 교회의 핍박과 그 유명한 성 바돌로매 축일의 개신교도들의 학살을 통하여 꽃피려고 하던 복음의 봉오리가 꺾인 역사를 기억했다.

피가 강을 이루어 흘렀을 순교자들의 희생을 순교자의 언덕에서 묵상했다. 순교자의 피는 교회의 터전이라고 초대교회 교부 터툴리안이 말하지 않았던가. 그 순교자들의 피는 헛되지 않을 것이다. 프랑스에 다시 부흥의 불길이 붙어 오르기를 기도했다.

집회 마지막 날 대회측에서 자비량으로 참여해 준 강사들에게 조그마한 작품 하나씩을 선물해 주었다. 그 어느 때 받았던 강사비보다 더 귀한 정성으로 다가왔다. 코스타를 섬길 수 있도록 배려해 준 교회에 대한 감사한 마음을 가지고 돌아왔다.

돌아온 뒤 얼마 후에 한 자매가 교회로 찾아왔다. 바로 프랑스 코스타 집회 중에 예수님을 처음 영접한 자매였다. 마침 고국 방문 중이었는데 공교롭게도 집이 교회 근처였다. 수만 리를 날아가서 전한 복음이 결실하여 다시 돌아온 것이다.

그 후 얼마 뒤 이 자매는 프랑스 형제 한 명과 같이 왔고 결혼 주례를 부탁했다. 기꺼이 주례에 응했다. 이 결혼식을 통해서 자매의 아버지가 예수를 믿게 되었다. 매주일 교회에 나와서 환한 얼굴로 인사하는 그를 볼 때마다 내 가슴은 기쁨으로 충만하다.

주 안에서 하는 수고는 결단코 헛되지 않고 복음의 씨앗을 뿌려 놓으면 때가 이르러 반드시 거두게 될 것이다.

다시 땅 끝을 향하여

중국 선교의 교두보 H교회

　13억이 살고 있는 거대한 땅 중국은 오랫동안 마치 지도의 모양처럼 우리 위에서 군림하고 때로는 무거운 짐처럼, 멍에처럼 우리를 괴롭히기도 했다. 그렇지만 믿음으로 바라볼 때 중국은 우리 민족에게 선교하도록 맡겨주신 거룩한 멍에라고 고백할 수밖에 없다. 우리 교회는 중국 S시에 한족 교회당을 세워 주었다. 중국인 교회로는 크고 아름다운 건물이다. 장로님들과 함께 교회의 형편을 살피고 격려해 주기 위해 중국으로 향했다.

　선교사로 있을 때에 가끔 목사님들이 장로님들을 이끌고 내가 일하는 선교지에 와서 단기선교를 하고 가곤 했다. 그때마다 선교를 돕기 위해 방문한 그들이 그렇게 아름답고 부러워 보였는데, 이제는 하나님의 은혜로 내가 직접 장로님들과 함께 선교지에 와서 도울 수 있으니 너무도 행복했다.

주일 예배에 맞추어 피아노를 한 대 사서 직접 밀고 교회당 안으로 들어갔다. 많은 중국인 성도들이 기쁨으로 영접해 주었다. 피아노를 주님께 봉헌하고 찬송가 '내 영혼이 은총 입어'를 직접 연주하며 모두 크게 불렀다. 그들은 중국말로, 우리는 한국말로. 언어는 달라도 동일하게 역사하시는 성령의 교통하심을 느낄 수 있었다. 몇 마디 밖에 모르는 중국 말로 인사했다. 잘 몰라도 몇 마디에 사랑을 담아서 말하면 원주민들이 너무 좋아하고 마음을 열었던 선교사 때의 경험이 많은 도움이 되었다. 내가 할 줄 아는 말은 '주님의 평안을 빕니다. 주님은 여러분들을 사랑합니다. 우리도 주님 안에서 여러분들을 사랑합니다' 뿐이었지만 이것으로 충분하지 않은가!

예배 후에 제직들을 모아 놓고 제직 세미나를 했다. 그리고 서로 소원해 있던 두 사람의 손을 잡고 주안에서 화해하도록 권면하며 기도해 주었다. 어떻게나 다정하고 친절하게 우리를 대하는지 몸둘 바를 몰랐다.

점심을 대접한다고 하기에 같이 갔더니 그곳은 바로 보신탕 집이었다. 가장 귀한 손님을 위해 대접하는 비싼 음식이었다. 가난한 그들이 정성껏 대접하는 음식이라 맛을 보지 않고 열심히 먹었다.

다시 만날 기약을 하고 헤어졌는데 그날 밤에 조선족 교회에서 예배드리고 있을 때 교회 대표들이 또 무리를 지어 찾아왔다. 그리고 마친 후 다시 말씀해 달라고 해서 그들에게 가슴 속에 있는 말씀들을 나누었다. 거대한 중국 대륙이 깨어 나고 있는 소리를 듣는 것만 같았다.

선교사가 떠날 때 겨우 50여만 명 뿐이던 중국 교인이 선교사

없이도 수천만 명으로 늘어날 만큼 중국인들은 저력이 있다. 중국 선교는 결코 떠벌려서는 안 된다. 조용조용히 중국 교회의 리더자들을 격려하고 훈련시키며 그들이 일어나서 걸을 수 있도록 도와 주는 역할을 해야 할 것이다. 중국이 영적으로 완전히 깨어난다면 하나님의 나라와 선교를 위해 크게 기여하는 거대한 세력이 될 것이다.

"주여, 중국 교회를 깨워 주소서!"

비석에 남길 업적

　명 13릉에 갔다. 명나라 13번째 황제 주익균의 능이다. 그의 능 입구에는 비석이 하나 있었는데 아무런 글도 기록되지 않았다. 안내의 말에 의하면 너무도 많은 치적을 다 적을 길이 없어서 빈 비석으로 남겨 두었다고 한다. 그러나 후세의 평에 의하면 그가 한 일이 별로 없어 변변히 적을 내용이 없어서 빈 채로 남겨 두었다고 한다. 나도 언젠가는 이 땅을 떠나갈 때가 올 텐데 나의 비문에 어떤 글이 기록되기를 원하는가.
　신학교 졸업반 때 수양회에서 자신의 비문을 짓는 시간이 있었는데 모두 숙연해져서 각자의 비문을 적었던 기억이 있다. 내가 아무리 좋은 비문을 적어서 남긴다 해도 그것은 효과가 없다. 내가 떠난 후 후세가 평가하는 것이 진정한 의미의 내 비문이 될 것이다.

산성교회의 후손들이 나를 기억하며 어떤 일들을 업적으로 꼽아 줄까? 아니 주님 앞에 설 때 주어진 일을 잘 감당하고 왔다고 칭찬받을 수 있을까? 내 인생이 모두 끝나고 빈 비석이 되면 곤란하다. 주님이 기억해 줄 일들, 다른 사람이 기억해 줄 일들을 남길 수 있는 삶을 성실하게 살아가자. 이런 비문은 어떨까?

"허원구 목사. 그는 수많은 그리스도의 제자들을 훈련시켜 예루살렘과 온 유대와 사마리아와 땅 끝까지 이르러 그리스도의 증인이 되게 했다. 그는 산성교회를 부흥시킨 부흥의 기수였고 21세기를 여는 새 일꾼이었다. 그와 함께 산성교회의 21세기는 웅장하게 열렸다."

내 비석에 남길 글을 염두에 두고 열심히 살아가자.

황제의 길

　　북경의 천단공원과 명 13릉에서 함께 볼 수 있었던 황제의 길을 걸어간다. 황제들이 제사를 지내러 갈 때 중앙 부분이 약간 도드라진 백옥으로 잘 다듬어진 길을 걸어서 갔다고 한다. 황제의 길을 따라서 나도 걸어 본다. 수많은 황제들이 걸어갔을 이 길을! 황제를 위해서는 항상 특별한 길이 준비되어 있었다. 중국 황제들만 그런가. 지금까지 살아온 나의 길이 바로 황제의 길이 아니었던가! 하나님은 나를 존귀하게 하셨고 왕 되신 하나님의 아들로 선택하셨다. 부름받은 이후 주님은 내 길을 예비하시고 인도하셨다. 특별한 보석으로 만들어진 나의 길! 부산에서 서울로, 경기도 여주로, 땅 끝 칠레로, 그리고 다시 부산으로 왕의 길을 따라 나를 인도하셨다. 수많은 고난과 고통의 길, 때로는 원망하며 눈물 흘리고 걷던 길, 그 길들이 황제의 길이었음을 이제야 깨닫는다. 하나님은 나를 위해 특별히 도드라진 길을 준비해 놓으셨다. 나는 하나님이 준비해 놓으신 길을 따라 이곳까지 왔다. 앞으로도 이 특별한 길은 천국 갈 때까지 이어질 것이다.

"하나님을 사랑하는 자 곧 그 뜻대로 부르심을 입은 자들에게는 모든 것이 합력하여 선을 이루느니라"(롬 8:28).

지금 내 눈앞에 펼쳐지고 있는 이 길, 아무리 어려워도 황제의 길이다. 당당하게 이 길을 밟고 앞으로 나아가자. 모든 길은 하나님이 준비해 놓으셨다. 황제의 길 옆에는 신하의 길, 내시의 길이 있다. 이처럼 하나님은 수많은 도움의 손길들을 준비해 놓으셨다. 수많은 협력자들을 주님이 준비해 놓으셨다. 믿음으로 보면 얼마나 신나는 인생길인가.

"황제 폐하 납시오!, 쉬 물렀거라! 왕자병에 걸려도 한참 걸린 하나님의 왕자께서 납신다!"

왕의 죽음, 나의 죽음

중국 황제들이 죽을 때 수많은 비와 빈들이 함께 순장되었다. 왕이 승하했다는 소식을 들었을 때 그들은 무엇이라고 생각했을까? '아! 이제 나도 같이 죽었구나' 하고 생각하지 않았을까. 살아 있던 그들이 죽은 시체 옆에 같이 묻혀야 했을 그 암담함과 절망을 상상해 보라. 황제와 같이 살았던 황제의 모든 권속들은 마땅히 같이 죽어야만 했다.

왕 되신 주님이 나를 그의 신부로 선택하셨다. 주님이 십자가에서 죽으시고 무덤 속에 들어가실 때 나도 함께 죽었다. 주님이 십자가에서 죽으신 소식은 곧 나의 죽음을 알리는 소식이다. 나는 그와 함께 죽었고 함께 장사지낸 바 되었다. 지하 30m나 되는 중국 황제의 지하무덤으로 들어가면서 나도 나의 왕과 함께 죽었음을 확인했다. 그리고 나의 왕이 부활하실 때 나도 그와 함께 부활했다. 그리스도의 죽음이 나의 죽음, 그의 십자가가 나의 십자가, 주님의 부활이 나의 부활, 나는 주님과 함께 죽었다. 그리고 함께 살았다.

"내가 그리스도와 함께 십자가에 못 박혔나니 그런즉 이제는 내가 산 것이 아니요 오직 내 안에 그리스도께서 사신 것이라 이제 내가 육체 가운데 사는 것은 나를 사랑하사 나를 위하여 자기 몸을 버리신 하나님의 아들을 믿는 믿음 안에서 사는 것이라"(갈 2:20).

백옥보좌

황제 주익균이 살아 있을 때 사용했던 백옥보좌. 그는 죽어서도 그 권세와 영광을 맛보기 위해 지하 무덤까지 그의 백옥보좌를 옮겨 놓았다. 그러나 그는 그곳에 다시는 앉을 수 없었다. 더 이상 그는 그 보좌의 주인공이 아니었다. 이 세상의 모든 권좌는 잠깐 동안만 앉을 수 있다. 영원히 앉아 있을 수 있는 권좌는 없다. 주황제는 무엇을 말하고 있는가. "부질없는 짓! 이것은 이미 나의 자리가 아니니 가져가라!"

이 세상에 영원한 보좌는 그리스도가 앉으신 보좌이다. 그의 권좌는 영원할 것이다. 영원히 그는 그 자리에서 통치하신다. 이 세상의 모든 권좌는 잠깐 동안만 앉을 수 있는 자리이므로 자리에 연연하지 말아야 한다. 영원히 차지할 자리가 없기 때문이다.

오직 우리는 영원한 보좌의 주인이신 그리스도만을 위해 살아야 한다. 그의 보좌만이 영원하므로 그와 함께 앉을 소망을 바라고 그리스도를 위해 보좌를 넘겨주는 자만 영원한 영광을 누릴 것이다.

"내가 또 들으니 하늘 위에와 땅 위에와 땅 아래와 바다 위에와 또 그 가운데 모든 만물이 가로되 보좌에 앉으신 이와 어린 양에게 찬송과 존귀와 영광과 능력을 세세토록 돌릴지어다"(계 5:13).

꺼지지 않는 촛불

황제의 무덤에 촛대가 놓여 있었다. 영원히 꺼지지 말라고 켜 둔 촛불이었으나 결국 영원히 불타지 못하고 무덤 속의 산소가 다할 때 꺼지고 말았다. 이 세상의 모든 빛은 꺼지는 날이 온다. 문명의 빛, 인류의 빛, 과학의 빛, 권력의 빛……. 그러나 영원히 꺼지지 않는 빛이 있다. 바로 복음의 빛이다. 그리스도의 빛이다. 사랑의 빛이다.

"예수께서 또 일러 가라사대 나는 세상의 빛이니 나를 따르는 자는 어두움에 다니지 아니하고 생명의 빛을 얻으리라"(요 8:12).

왕의 죽음, 백성의 고통

명나라 황제는 죽어서도 만백성을 고생시켰다. 그 거대한 지하 무덤을 만드느라고 얼마나 많은 사람이 동원되었을까? 돌 하나의 무게만도 1톤이나 더 되는데 얼마나 고생을 했을까? 수많은 백성들이 부역에 동원되어 불평하며 일하다가 쓰러져 갔을 모습들을 상상해 본다. 그러나 영광의 왕 그리스도, 그분의 죽음은 수많은 사람들의 안식과 기쁨이 되었다. 그의 죽음으로 수많은 자들이 자유함을 얻었다. 그분의 죽음은 바로 모든 죄인들의 죄를 영원히 제거하고 모든 저주에서 풀어 준 놀라운 해방이었다. 중국 왕의 죽음은 온 백성의 고통이었으나, 왕 되신 주님의 죽음은 만백성의 기쁨과 해방이 되었다.

"그리스도께서 우리로 자유케 하려고 자유를 주셨으니 그러므로 굳세게 서서 다시는 종의 멍에를 메지 말라"(갈 5:1).

죽음의 빗장

　신하들이 왕의 시체를 안장하고 돌아 나올 때 돌문을 닫았다. 돌문에 걸쳐진 빗장은 문이 닫히는 동안에 조금씩 내려와서 완전히 닫힐 때 파놓은 홈에 걸려 문이 안쪽에서부터 단단히 잠기게 했다. 죽음의 빗장이 무덤문을 안쪽으로 막았다.
　그날 이후 왕은 그 돌문을 열지 못했다. 왕뿐 아니라 지금까지 죽음의 빗장을 연 사람은 아무도 없다.
　예수님은 십자가에서 죽으시고 무덤에 장사지낸 바 되셨다. 그리고 육중한 돌문의 홈을 파서 굴려 막고 봉인했다. 그러나 죽음의 돌문이 그를 가두어 둘 수 없었다. 그는 다시 살아나셔서 죽음의 빗장을 열고 돌문을 굴려내셨다. 아무도 열 수 없는 죽음의 빗장을 그리스도가 박차시고 활짝 열어 젖히셨다. 아무도 열지 못한 죽음의 빗장을 오직 그리스도 예수만 벗기셨다.

"사망아 너의 이기는 것이 어디 있느냐 사망아 너의 쏘는 것이 어디 있느냐"(고전 15:55).

하룻밤을 자도 만리장성을 쌓는다

　달에서도 볼 수 있다는 만리장성을 쌓을 때의 일이다. 이 대역사를 위해서는 많은 일꾼이 필요했는데 한 집에서 한 사람씩 차출하여 평생을 성 쌓는 일을 위해 투입했다고 한다.
　막 결혼한 한 젊은 부인의 남편도 안타깝게 차출되어 공사 현장으로 보내졌다. 돌아올 수 없는 길인 것이다. 젊은 부인은 혼자 남았다. 어느 날 한 남자가 그 부인에게 접근했다. 하룻 밤만 자기와 같이 보내면 무엇이든지 다 해 주겠다고 유혹했다. 그 부인은 정말 무엇이든지 다 할 수 있느냐고 재차 다짐한 후 그의 청을 들어 주었다. 다음 날 부인은 편지를 한 장 써서 그것을 만리장성 공사 현장에 갖다 주라는 부탁을 했다. 너무나 쉬운 부탁이라고 생각한 남자는 바로 길을 떠났다. 일자무식인 그는 그 편지의 내용이 무엇인지 몰랐다. 그 편지는 공사 감독에게 전달되었다. 편지의 내용인즉 남편을 대신해서 신체건장한 이 사람을 보내니 남편을 보내어 주고 이 사람을 인부로 써 달라는 내용이었다. 그는 바로 붙들려서 평생을 공사 현장에서 보내지 않으면 안 되었다. 그리고 남편은 무사히 귀환했다고 한다. 하룻밤의 기쁨이 평생의 고통으로 이어진 것이다.

'딱 한 번만' 하고 다가오는 수많은 유혹들이 있다. 딱 한번이 영원으로 이어질 수 있다. 아담의 딱 한 번이 온 인류를 죄악의 구렁텅이로 몰고 갔다. 가룟 유다의 한 번의 배반은 영원한 멸망으로 이어졌다. 롯의 아내는 딱 한 번 돌아봄으로써 소금기둥이 되었다. 그 남자가 만일 하룻밤의 엄청난 대가를 알았더라면 그 하룻밤을 선택했을까? 한 번을 조심하라. 한 번이 영원으로 이어질 수 있다.

그리스도의 십자가의 순종도 한 번이었다. 그러나 그 한 번의 죽음이 우리들을 영원한 죄악에서 건져 주셨다. 그의 한 번 죽으심이 모든 것을 영원히 살렸다. 한 번, 영원한 한 번! 그리스도의 영원한 한 번인 순종의 한 번을 택하여 영원한 생명에 이르자.

"한 사람의 순종치 아니함으로 많은 사람이 죄인 된 것같이 한 사람의 순종하심으로 많은 사람이 의인이 되리라"(롬 5:19).

만리장성도 돌 한 개부터

2300년 전 진시황은 흉노족과 여진족의 침략을 대비하여 성을 쌓기를 명한다. 그는 중국의 6개 나라를 통일한 왕이다. 6개 나라 가운데 3개 나라의 국경이 서로 연결된 부분이 바로 10,000리, 정확히는 12,000리가 되었다. 전체는 50,000리이지만 연결된 부분이 10,000리이므로 만리장성이다. 10,000리면 4,000킬로미터로 뉴욕에서 로스앤젤레스까지의 거리이다. 한번도 종단에 성공한 자가 없다는 긴 성, 험준한 성, 달에서도 육안으로 관찰된다는 만리장성은 이집트의 철교와 더불어 유일한 지구의 인공 구조물이다.

이 긴 성도 처음 시작이 있었을 것이다. 처음 시작한 이는 만리를 생각하지 않았을 것이고 그저 돌 하나를 옮겼을 것이다. 그리고 각자에게 할당된 부분을 조용히 완수했을 것이다. 각 도시들은 자기에게 주어진 할당량을 꾸준히 채워 나갔을 것이다. 그 모든 노력이 모아지고 연결되었을 때 오늘날의 만리장성으로 인류의 유산 속에 남아서 찬란히 빛나고 있는 것이다. 만리장성을 걸어서 오르며 돌을 지고 오르내리는 수많은 중국 사람들의 한숨과 땀과 고통의 소리들을 들었다. 그 모든 것이 모여서 만리를 연결했을 것이다.

나의 일은 하나님이 진행하시는 거대한 하나님 나라 건설의 한부분이다. 나 혼자서 완성할 수 없다. 나는 그저 한 부분을 담당하고 있을 뿐이다. 내가 맡은 부분을 철저히 완수하라. 나는 지금 거대한 하나님의 성 공사에 동원된 일꾼이다. 하나님은 하나님의 나라, 하나님의 성을 건설하고 계신다. 내 일생 동안 얼마나 쌓을 수 있을까? 나는 나의 귀한 형제들과 함께 땀을 흘리며 이 성을 쌓아가야 한다. 긴 역사를 지나면서 계속될 이 성은 그리스도의 재림 때까지 완성될 것이다. 허리가 아프고 땀이 쏟아질 때마다 하나님의 거대한 성 공사의 일부분을 차지하고 있는 기쁨과 보람으로 모든 피곤을 이겨야 하리라. 하나님의 성 공사는 지금도 계속해서 이어지고 있다.

"우리가 선을 행하되 낙심하지 말지니 피곤하지 아니하면 때가 이르매 거두리라"(갈 6:9).

맹강녀의 전설

만리장성에 갓 결혼한 남자가 들어왔다. 하북성 먼 곳에서 사는 그의 아내 맹강녀는 그리움에 겨워 먼 길을 왔다. 그러나 공교롭게도 도착한 날에 그의 남편이 죽었다. 맹강녀가 남편의 이름을 한 번 부를 때마다 성은 십 리씩 무너져내렸다는 전설이 있다. 한을 품은 자, 슬픔을 지닌 자의 울부짖음은 그만큼 절실하다는 의미이리라. 남의 고통과 슬픔을 담보로 이루어진 모든 것들은 언제든지 무너질 수 있음을 암시하고 있는 전설이다.

귀한 업적을 이루는 것은 좋다. 그러나 이웃의 고통과 눈물로는 이루지 말아야 한다. 지금까지 인류 역사 가운데 이웃의 눈물과 고통으로 세워진 모든 문명과 정권은 무너져 내렸다.

내 인생의 여러 부분 가운데 다른 사람의 원망을 들을 만한 부분은 없는가? 남에게 고통을 주었던 순간은 없는가? 그런 부분들은 그들의 탄식과 원망과 함께 언제든지 무너질 수 있는 부분일 것이다. 성을 쌓되 이웃의 눈물과 탄식으로는 쌓지 말라.

 "보라 너희 밭에 추수한 품꾼에게 주지 아니한 삯이 소리 지르며 추수한 자의 우는 소리가 만군의 주의 귀에 들렸느니라"(약 5:4).

중국인의 안내

 중국 공예품의 특징은 정교함에 있고 엄청난 수공을 요구하는 긴 공정에 있다고 할 수 있다. 카펫을 짜고 있는 여자에게 물어보았다. 다 완성하는데는 얼마나 걸리느냐고. 2년은 걸린단다. 그러나 그녀의 손은 부지런히 그 2년의 공정을 향해 움직이고 있었다.
 여기에 비해 우리 민족은 너무 조급한 것이 아닐까? 세계 최단시간 건설의 기록을 세운 경부고속도로는 부실공사의 대명사였다. 빨리 끝내는 것이 좋은 것만은 아니다. 'Lento peroseguro.' '느리지만 안전하게'라고 말하는 남미인들의 생활방식과도 일맥상통한다. 어이없이 무너져 내린 삼풍백화점과 성수대교를 향해 2년 후를 바라보며 부지런히 움직이는 이 중국 여자의 손은 무엇을 말하는가?

빠른 것이 항상 좋은 것은 아니다. 귀중한 것은 시간을 들여야 한다. 옥을 가지고 만든 큰 배는 그 가격이 5천만 원이라고 한다. 개점 이후 4개가 팔렸단다. 어떤 칠보 공예품은 그 가격이 1억이라고 한다. 그러나 엄청난 수공과 공정의 대가로는 결코 비싸지 않다.

남미인들의 표현 중에 굉장히 하기 어려운 일을 'trabajo chino(중국인의 작업)'라고 한다. 값비싼 것을 원하는 자는 더 손을 댈 각오를 해야 한다. 될 수 있는 대로 빨리 끝내고 훌륭한 작품을 만들려고 하는 나의 조급성에 대해 중국인들은 말한다. 그런 작품은 없다고.

2년이 걸릴 일을 지금도 부지런히 하고 있는 저 여인, 저 손길에서 나는 다짐한다. 귀중한 하나님의 사역을 이루기 위해 더 많이 수고하고, 더 많이 손을 대고, 더 큰 인내를 가지고 더욱 꼼꼼이 이루어 가리라고. 쉬운 방법과 단시간의 노력으로 무엇인가 얻으려는 성급함을 포기해야겠노라고.

천안문 광장

말로만 들어오던 천안문 광장에 왔다. 중국인의 심장에 온 것이다. 수많은 중국인들 틈에 섞여 있는 나. 하나같이 초라하고 누추한 모습들, 그러나 여유로운 모습이다. 해방 전 만주에서 살던 내 부모님이 한국으로 돌아오지 못했더라면 나도 지금 이들 중의 한 사람이 되었을 것이다.

이곳은 모택동의 시체를 모신 곳이다. 그러나 과연 시체가 남아 있다고 그 정신이 살아 남을 수 있는가? 이미 중국 공산당은 공산주의를 버린 것 같다. 경제와 사상을 분리해 버린 공산당은 이미 공산당이 아니다. '통제가 있는 자본주의'라면 정확한 표현일까? 여기 누워 있는 모택동이 지금의 실상을 알면 벌떡 일어나서 고함을 지를 일이다.

자금성! 마지막 황제의 현장에 왔다. 24명의 명나라와 청나라

황제가 살았던 곳, 그들이 다니던 길, 앉았던 보좌가 남아 있다. 그들은 사라져 버리고 구경꾼만 가득하다. 도대체 이 세상의 것 중에 영원한 것은 무엇인가? 어린 부의 황제의 발자국이 이곳 어딘가에 찍혀 있으리라. 어린 왕자가 태어나서 매일 다른 방에서 자도 27세가 되어서야 다 자 볼 수 있는 9,999칸의 궁전, 5천년 중국의 유구한 역사가 흘러갔던 장소에 서서 수많은 중국 황제들이 토하는 한숨소리를 듣는다.

그들은 모두 떠나고 오늘 내가 여기 있다. 나 또한 그들처럼 떠나가리라. 엄청난 화려함과 웅대함이 모두 한 사람을 위한 것이라니 엄청나다. 하나님이 나를 위해 베풀어 주신 섭리는 이것보다 더 크고 아름다운 것을 기억하리라. 천지에 나 하나뿐인 것처럼 내게 관심을 가지시고 채우시는 하나님의 은혜, 이것이 바로 주 안에 있는 자가 누리는 특권이다.

"주여, 넘치도록 누리게 하소서!"

땅 끝에서의 초대
― 칠레 선교 집회 ―

　벌써 칠레를 떠나온 지 5년이 지났다. 꿈을 꿀 때마다 나타나는 칠레 형제들과 칠레 풍경은 마치 배경 그림처럼 내 의식의 밑바닥에 자리잡고 있었다. 교회는 어찌 되었을까? 학교는? 모든 것이 궁금하기만 했다. 공항에 나와서 눈물로 전송해 주던 정든 형제 자매들의 모습이 너무도 그리웠다.
　그즈음 한 통의 초청장이 도착했다. 칠레 남쪽 떼무꼬라는 도시의 교회연합수련회 강사 초청이었다. 빌리 그레이엄전도협회의 암스테르담 집회의 후속 모임으로 칠레 목사들이 조직한 집회였다. 마음은 간절했지만 바쁜 목회사역 중에 두 주간의 시간을 내기는 너무 어려웠다. 그 지역에서 일하는 김명수 선교사는 꼭 방문해 줄 것을 간절히 요청했다. 한번 기도해 보겠노라고 하고 그 자리를 모면했다. 기도해 보겠다는 소리는 공손한 거절의 표현이라고 했던가.

  시간이 얼마 지난 후 어느 날 칠레에서 한 통의 편지가 왔다. 놀랍게도 거기에는 집회 순서지가 들어 있었다. 그리고 나는 허락한 적도 없는데 내 이름이 강사 명단에 들어 있었다. 이미 칠레 전역에 광고해 버렸단다. 바로 그것이 나도 예전에 사용했던 칠레식 일 추진법이었다. 허락할 줄로 믿고 밀어붙이는 것이다. 일이 이쯤 되자 뒤로 물러설 수가 없었다. 기도하는 중에 가슴이 뜨거워지기 시작했다. 장로님들은 "목사님, 5년이 지났는데 고향에 한번 다녀오셔야지요"라며 기쁨으로 허락해 주셨다. 그렇다. 그곳은 우리의 고향이다. 우리의 추억과 사랑이 남아 있는 고향 같은 곳이다.

  아내와 함께 5년 만에 다시 지구의 땅 끝, 우리들의 고향으로 찾아갔다. 30시간 이상 걸리는 지루한 비행기 여행이 조금도 힘들게 느껴지지 않고 마치 꿈처럼 지나갔다. 다시 비행기가 안데스 산을 넘는다. 안개가 자욱한 산티아고 공항에 도착한다. 나의 충실한 동역자였으며 내 사역을 넘겨받은 후계자인 길제르모 목사가 공항에 나왔다. 헤어질 때의 모양 그대로였다. 그러나 그는 놀랍도록 성장해 있었다. 실제적인 칠레 교회의 핵심적인 지도자로 성장해 있었다. 성도 중의 한 사람이 선물한 차라고 자랑스럽게 승용차를 보여 주며 우리를 태우고 비냐 델 말을 향해 갔다. 우리의 발자국이 수도 없이 찍혀 있을 길들을 다시 밟는 감격이 있었다. 교회는 훌륭하게 성장해 있었다. 벌써 자립을 했고 선교사도 파송했다고 한다. 장로도 세웠고 많은 일꾼들이 교회를 섬기고 있었다. 보고싶던 형제 자매들과의 해후로 밤이 깊어가는 줄도 몰랐다. 오랫만에 다시 나누는 남미식 아브라소(포옹)는 우리들의 가슴을 따뜻하게 녹여 주었다.

그날 밤은 호세 장로님 집에 묵었는데 바다가 내다보이는 아름다운 집이었다. 무엇을 먹고 싶냐기에 그동안 먹고 싶었던 칠레 음식들의 이름을 쭉 대었다. 까수엘라, 엠빠나다, 꼼쁠렛또……. 깊은 밤에도 아랑곳없이 음식이 나왔다. 배가 아프도록 음식을 먹으며 천장이 꺼지도록 웃으면서 성도의 교제를 나누었다.

눈물을 흘려가며 빈손으로 세웠던 임마누엘 기독교 학교가 벌써 7주년 기념일을 맞았다. 첫 졸업생이 벌써 대학에 들어갔다고 한다. 일부러 우리의 도착에 맞추어 7주년 기념식을 준비해 놓고 있었다. 개교 감사예배에서 설교했다. '믿음은 바라는 것들의 실상'이라는 제목으로 설립 당시의 비전과 하나님의 채우심을 다시 나누었다. 설립자라고 특별히 선물을 주었다. 개교 당시 평교사였던 무뇨스 자매가 교장이 되어 있었다. 선물은 학교 선전 포스터였는데 거기에는 "목사님이 시작하신 학교를 하나님이 번창케 하셨습니다"라는 교장의 친필이 있었다. 참으로 의미있는 선물이었다.

드디어 떼무꼬 집회가 시작되었다. 오랫동안 쓰지 않아서 스페인어가 잘 될까 걱정이었는데 앞에 서서 입을 여는 순간부터 성령께서 입을 주장해 주셨다. 오랜만에 남미식으로 하는 열정적인 설교에 내 가슴에 불이 붙는 것을 느꼈다. 칠레 형제들은 열광적으로 응답하며 박수를 쳐 주었다. 중간중간에 박수가 나오면 잠시 설교를 중단하고 기다려야만 했다.

낮 공부시간에는 강사들이 여러 과목을 각기 맡아서 방에서 기다리면 사람들이 듣고 싶은 방으로 갔다. 내가 맡은 강의에 사람들이 너무 많이 와서 강의실을 더 큰 곳으로 옮겨야만 했다. 뜨겁게 기도하고 있는 산성교회 성도들의 기도의 지원을 지구 반대편에서도 느낄 수 있었다. 집회 후에는 사인해 달라며 줄을 서 있는 칠레 형제 자매들에게 정신없이 사인해 주어야 하는 즐거운 피곤함에 시달리기도 했다. 이런 환대와 반응들은 마치 몸에 맞지 않는 옷을 입은 것 같은 어색함을 느끼게 했다. 이 부족한 것을 주님께서 사용해 주시다니 얼마나 감격스러운가.

그렇다. 나는 아직도 선교사다. 한국에서 목회하고 있지만 나는 비거주 선교사이다. 내가 목회하는 이유도 주님의 선교를 이루기 위함이다. 주님은 땅 끝에서 나를 부르셔서 땅 끝에서 선교하게 하시다가 다시 땅 끝으로 가게 하셨다. 그리고 다시 교회를 통해 채워 주신 은혜와 함께 다시 땅 끝으로 보내셔서 복음을 증거하게 하시는 것이다. 이제 선교에 있어서 전후방은 따로 없다. 내가 있는 그곳에서 날마다 부름받고 주님이 보내시는 땅 끝을 향해 가는 것뿐이다. 내가 다시 교회로 돌아가면 교회는 다시 선교적인 도전과 은혜를 받을 깃이다. 그리고 더욱 열심히 선교에 동참하게 될 것이다. 그리하여 교회는 다시 땅 끝을 향하여 물질을 보내고 사람을 보내게 될 것이다. 바로 이 일을 위하여 주님은 나를 선교지에서 부르셔서 한국 교회를 목회하게 하셨다. 집회를 모두 마치고 다시 안데스 산맥을 넘으며 나는 기도했다.

"주여, 내가 여기 있사오니 나를 보내소서."

4장
땅 끝의 묵상
(기독교 신문에 연재한 글 모음)

선교에는 구조조정이 있을 수 없다

한국은 지금 구조조정 신드롬으로 몸살을 앓고 있다. 이미 구조조정을 당하여 실직한 사람들은 차치하고서라도 많은 사람들이 혹시 그 대상이 되지 않을까 하여 불안해하고 있다. 사무실로 향하는 동료들이 함께 타고 있는 엘리베이터 속에서도 이전에 볼 수 있었던 활기찬 왁자지껄함은 없다. 괜히 애써 시선을 피하며 될 수 있는 대로 엄숙한 표정을 지어야 하는 것이 새로운 풍속도로 자리 잡아 가고 있다. 이 어려움의 시대를 사는 지혜가 필요하다. 군살은 과감하게 제거해야 한다. 겨울잠에 들어간 개구리처럼 필요없는 몸짓은 최대한 줄이고 잘 웅크려서 다시 찾아올 새 봄을 기다려야 한다. 이 원칙은 교회에도 적용되어야 한다. 너무 화려한 강단 장식을 피해야 한다. 식사도 줄일 수 있다. 간식도 줄여야 한다. 기관별 야유회 같은 것도 기도회로 대신할 수 있다. 인쇄도 더욱 간단히 해야 한다.

그럼에도 불구하고 줄일 수 없는 것이 있다. 아무리 수술대에 누워 있는 중환자라도 심장은 뛰어야 한다. 다른 것은 다 잘라내어도 생명 연장에 필수적인 것은 잘라낼 수 없다. 선교는 교회의 존재 이유다. 선교하지 않는다면 교회가 있을 필요가 없다. 선교는 교회에 생명력을 공급하는 심장과 같은 사역이다. 선교를 중단하거나 선교 구조조정을 하여 선교사를 불러 들이고 선교비를 삭감하는 교회들이 늘고 있다. 이것은 당장 눈에 보이지 않는다고 심장을 제거하고 있는 것과 같은 위험한 일이다. 선교비를 줄이지 말라. 구제비를 줄이지 말라. 만약 줄인다면 교회의 생명은 꺼지기 시작할 것이다.

미국의 기독 실업인인 잭 하트만은 사업의 위기를 당할 때마다 그의 비서에게 더 많은 선교비와 구제비를 지불하게 했다고 한다. 그때마다 그는 위기를 넘겼고 하나님은 더 많은 것을 그에게 채우셨다. 그의 비서인 아이린은 말한다. "내 생각으로는 도무지 말도 안 되는 일이었지만 시키는 대로 했습니다. 결과는 놀라운 것이었습니다. 재정적인 어려움이 있을 때마다 기부금의 액수를 늘렸고 그때마다 필요한 돈이 들어오곤 했습니다."

기획당회의 계절이다. 노회 상납금이 20% 정도 하향조정되었다. 많은 교회들이 축소예산안을 준비하고 있을 것이다. 어디 부터 줄일 것인가. 내년 예산안을 다시 점검하라. 혹시 가장 만만한 선교와 구제비를 줄여서 맞춘 예산안은 아닌가. 그렇다면 한 가지 예측이 가능하다. 곧 당신의 교회는 침체하기 시작할 것이다. 오히려 더 늘려라. 선교비가 늘어난 만큼 불황의 긴 터널도 빨리 벗어날 것이다. 선교에는 구조조정이 있을 수 없다.

아름다운 발

영국에 테일러란 사람이 있었다. 그에겐 두 아들이 있었는데 큰아들은 어릴 때부터 정치를 하는 것이 꿈이었다. 그는 열심히 노력하여 의회에 진출하여 의원이 되어 활동했다. 그러나 작은아들은 항상 멀리 가서 복음을 전하는 꿈을 가지고 있었다. 그는 결국 중국 땅으로 선교사가 되어 떠났다. 그리고 일생을 중국인들을 위해 일했다. 그의 이름은 바로 중국 선교의 아버지 허드슨 테일러이다. 사전에 나타나는 그의 이름에 관한 설명은 장황하다. 그러나 그의 형은 딱 한 줄로 요약되었다. "허드슨 테일러의 형."

무엇이 이런 차이를 만들었는가? 바로 두 사람이 남긴 삶의 족적이 달랐기 때문이다. 허드슨 테일러의 발은 좋은 소식을 전하고 평화를 전하는 아름다운 발이었다. 수많은 사람들에게 행복을 전해 준 인생이었다. 그러나 그의 형은 그저 한 사람의 정치가로 평범한 족적을 남겼을 뿐이다.

한 사람의 인생은 그가 남긴 재산이나 그가 쌓은 학문이나 그가 누린 인기에 의해 평가받는 것이 아니라 그의 발이 어떠했느냐에 따라 평가받을 것이다.

그동안 한국 교회는 잘못된 가치관에 의해 교회의 아름다움을 평가하는 경향이 있었다. 건물이 몇 평이냐, 교인이 몇 명인가, 일년 예산은 얼마인가, 교육관이 있느냐, 수양관이 있는가. 그러나 이런 방법으로는 교회를 바로 평가할 수 없다. 오히려 이렇게 물어야 할 것이다. 당신의 교회는 선교사를 몇 명이나 파송했느냐? 지역 사회를 위하여 어떤 노력을 하느냐? 예산 중 선교와 구제를 위한 예산은 얼마인가? 이런 것들은 바로 교회의 발이 어떠한지를 나타내는 표적들이 되기 때문이다. 발이 아름다운 교회가 아름답다. 주님의 지상명령에 우선순위를 두고 지역 사회와 땅 끝을 향해 나아가는 교회가 바로 발이 아름다운 교회이다.

새들백교회의 릭 워렌 목사는 "군대의 힘이 식당에서 밥 먹는 병사에 있지 않고 전쟁터로 나가 싸우는 숫자에 달려 있듯이 교회도 의자에 몇 명이 앉을 수 있느냐에 달려 있지 않고 얼마나 많은 사람을 파송했느냐에 달려 있다"고 말했다. 성도들의 빌을 아름답게 만들고 그들을 훈련시켜 파송할 수 있는 교회가 아름답다. 안디옥교회의 아름다움이 바로 여기에 있었다. 그들은 그들 교회의 부흥에만 관심이 있는 것이 아니었다. 오히려 성령의 음성을 듣고 자기들의 두 기둥과 같은 바울과 바나바를 따로 세워 선교사로 파송할 수 있는 교회였으므로 아름다운 교회였다.

선교지에서 목회하고 있던 원주민교회 청년들을 이끌고 한 선교집회에 참여했던 적이 있었다. 나는 그들 하나하나에 교회의 미래를 걸고 있었다. 집사감, 장로감으로 그들을 키우고 있었기 때문이다. 그런데 집회 마지막 날 선교 초청의 시간에 이 청년들이 모두 선교사로 헌신하는 것이 아닌가. 순간 나의 미래가 무너지는 듯했으나 새로운 결심이 은혜 중에 마음속에서 싹텄다.

"내가 개척한 교회의 젊은이들을 모두 파송할 수만 있다면 나의 사역은 성공이다. 주여, 저들을 모두 보내게 하소서!"

여름방학이 시작되고 교회들은 수련회 계획으로 바쁘다. 천편일률적으로 진행되는 수련회. 지출되는 엄청난 예산. 이번 여름에 무엇을 가르치며 어떤 열매를 열기를 원하는가? 발을 훈련시키라. 아름다운 발이 되는 도전을 하고 나의 발로 밟아야 할 수많은 땅들을 바라보며 기도하고 비전을 키우게 하라. 청년들을 선교지로 내어 몰아 그들의 발이 좋은 소식을 전함으로 아름다워짐을 경험하게 하라. 비전트립을 장려하라. 그것은 사치나 낭비가 아니다. 그들은 반드시 발이 아름다워져서 돌아올 것이다. 발이 힘을 얻으면 교회가 새로워질 것이다.

윌리엄 캐리가 인도 선교사로 갈 때 왜 당신은 선교사로 가야 하느냐고 물었다. 그때 윌리엄 캐리는 영국의 교회를 위하여 간다고 했다. 실제로 그가 감으로써 영국 교회는 새로운 영적 각성의 계기를 마련할 수 있었다. 사랑의 발을 기다리고 있는 수많은 현장에 젊은이들을 투입하라. 그들의 발이 아름다워질 것이다. 방어적이고 소극적인 수련회에서 공격적이고 적극적인 현장 중심의 수련회를 실시할 때가 되었다. 밝아오고 있는 21세기는 우리에게 새로운 패러다임을 요구하고 있다. 교회당만 크고 화려하게 그리고 길목 좋은 곳에 세우기만 하면 구름 떼처럼 사람들이 모였던 시대는 지나갔다. 교회의 얼굴은 이미 사람들의 관심이 아니다.

  21세기에는 발이 아름다운 교회가 부흥할 것이다. 지역 사회의 아픔을 함께 느끼고 지역 사회 속으로 들어가는 교회가 부흥할 것이다. 사람들은 온갖 종류의 다양한 교회의 발을 동원하여 사회 속으로 세계 속으로 들어가는 '발이 아름다운 교회'를 선택할 것이다. 더 이상 얼굴 꾸미는 일을 중단하라. 모든 교회 구조를 얼굴 중심에서 발 중심으로 전환하라. 교회의 재정을 발을 훈련시켜서 아름다운 발이 되게 하여 지역 사회와 세계 속에 파송하는 일에 우선적으로 투입하라.

  "아름답도다 좋은 소식을 전하는 자들의 발이여!"(롬 10:15).

책임지시는 하나님

　선교사역을 마치고 귀국을 결정할 때 가장 어려웠던 점은 바로 자녀교육 문제였다. 남미의 교육제도에 익숙해 있고 스페인어로 공부하던 이들이 과연 입시경쟁이 치열한 한국에 와서 한국말로 공부할 수 있을 것인가. 아이들은 안 가겠다고 울고불고 야단이었다. 큰아이 경원이는 중학교 2학년, 성진이는 초등학교 5학년이었다. 아이들의 말에 일리가 있었다. "아빠도 생각해 봐. 지금 한국에 가서 우리가 한국말도 잘 모르는데 어떻게 공부하겠어?" 그러는 아이들을 설득했다. 성진이는 한국에 가면 자전거를 한 대 사 주겠다고 했더니 간단히 해결되었다. 사실 걱정은 생각보다 훨씬 심각했다. 만약에 한국 생활에 잘 적응하지 못하면 두 아이들의 일생을 망칠 수도 있었다. 그러나 새로운 사명을 주셔서 하나님이 다시 한국으로 보내시는데 보내시는 분이 어찌 다른 일도 책임지지 않으시랴. 귀국과 함께 아이들을 근처 학교에 집어 넣었다. 아무것도 모르는 것은 뻔한 일이다. 그래도 워낙 낙천적인 남미 아이들(?)인지라 학교를 잘 다녀 주었다.

그러던 어느 날 반가운 기사가 신문에 실렸다. 해외 귀국자를 위한 국제중고등학교가 내년부터 부산에 설립된다는 것이었다. 그날부터 기도를 시작했다. 꼭 들어갈 수 있게 해 달라고 기도했다. 두 아이가 모두 입학할 수 있었다. 기숙사 시설까지 완벽하게 갖춰진 훌륭한 학교였다. 거기에다가 학비마저 일반학교와 같아서 금상첨화였다. 거기에는 동병상련을 앓는 비슷한 아이들이 많았다. 중학교부터 제2외국어를 가르쳤는데 그들의 모국어 격인 스페인어도 있어서 아이들이 기를 폈다.

그러나 아무리 열심히 해도 아이들의 공부는 한계가 있었다. 기본적인 어휘력의 차이가 바로 성적으로 나타났다. 이런 성적으로 어떻게 대학을 갈 수 있을까? 그러나 주님께서 길을 준비해 주시고 우리를 한 걸음씩 인도하셨다. 전국에서 실시하는 외국어 경시대회에 참여하여 차근차근 실력을 쌓아 갔다. 서울대, 경희대, 외대, 고려대 등의 외국어 경시대회에 응시하여 좋은 성적을 얻을 수 있었다.

결국 하나님은 고려대 서양어문학과에 떡 한 자리를 남겨 두셨고 특별전형으로 합격할 수 있었다. 작은아이의 자리도 하나님께서 어디엔가 준비해 두셨으리라.

하나님은 우리의 삶을 철저히 책임지시는 분이시다. 그분의 인도를 따라 순종하기만 하면 하나님은 나머지 부분을 그분의 풍성하심을 따라 채워 주실 것이다. 자녀문제 때문에 염려하고 있는 한 선교사 후보생에게 경원이가 위로하며 했던 말이 기억난다.

"염려하지 마세요. 선교사 자녀들은 주님께서 특별히 책임지실 거예요."

그리스도의 지상명령
-제자 만들기-

    선교사로 가기 원하는 나에게 두 나라가 주어졌다. 하나는 가까운 필리핀이요, 또 다른 곳은 아득히 먼 남미 칠레였다. 이왕 갈 바에야 땅 끝까지 가는 것이 좋겠다는 생각과 함께 기도 중에 칠레를 선택했다. 과연 먼 곳이었다. 서른세 시간의 지루한 비행 끝에 지구의 땅 끝에 도착했다. 그리고 사역을 시작했다. 선교 본부교회를 개척하고 열심히 노방전도를 하고 집집마다 복음을 전했다.

    사람들이 모여 들었고 시간시간마다 뜨거운 예배를 드리며 열정적인 설교를 했다. 주일학교를 조직하고 남여전도회를 조직하며 세계선교부도 조직했다. 선교 본부교회는 성장하기 시작했다. 성장하는 교회를 보는 내 마음에는 그리스도의 지상명령을 순종하고 있다는 자부심이 자리잡고 있었다.

그러던 어느 날 아침 큐티를 통해 말씀이 들려왔다. "너는 내 명령을 따라 땅 끝까지 왔다. 그리고 교회를 세우고 열심히 전도해 왔다. 그러나 나의 지상명령을 새롭게 보아라. 너는 아직도 내 지상명령을 다 지키고 있지 않다."

다시 묵상한 말씀 속의 지상명령은 단순히 땅 끝까지 가는 것이 아니었다. 가서 그리스도의 제자를 삼는 것이었다. 그래서 제자 삼는 사역을 시작하였다. 이 사역은 선교의 새로운 지평을 열어 주었다. 심각할 줄 모르고, 결단할 줄 모르는 남미인들이 조금씩 말씀과 만나기 시작했다. 그리고 그들의 삶이 변해갔다. 금발머리의 한 자매는 교회를 다니면서도 여전히 세상의 쾌락 속에 빠져 있었다. 토요일마다 술 먹고 춤추는 파티에 가는 것을 거르지 않았다. 그런 그의 삶이 제자훈련을 통해 부딪힌 말씀 앞에 노출되고 말았다. 그리고 그는 '피에스타(FIESTA)'와의 결별을 선언했다. 처음으로 토요일의 댄스파티에 가지 않았다는 것이다.

내가 한 사람 한 사람을 만나서 그들을 그리스도의 제자로 삼는 구체적인 사역을 시작하기까지 나는 그리스도의 지상명령에 순종하고 있지 않았던 것이다. 이렇게 제자 삼는 사역은 선교의 새 지평을 열어갔다. 교사도 이와 같을 것이다. 교회의 임명을 받고 한 반을 맡아서 교사의 일을 시작한다. 열심히 교재 준비도 한다. 토요일이면 내일 꼭 교회에 와 달라고 전화를 한다. 더러는 열심히 자기 반 학생들을 위해 기도하기도 한다. 그리고 주일마다 주어진 공과를 있는 힘을 다해 가르친다. 그러나 이것으로 만족할 수 없다.

주님이 한 사람을 교사로 세우실 때의 마음은 제자들에게 지상명령을 남기시는 마음과 동일하다. 그저 가르쳐서는 안 된다. 그들 속에 말씀을 개인적으로 심어 주어야 한다. 그룹으로 그들을 대해서는 이 일이 불가능하다. 한 사람 한 사람으로 만나야 한다. 그들 속에 그리스도의 형상이 이루어질 때까지 힘을 다해 수고해야 한다.

성경은 "일만 스승이 있으되 아비는 많지 아니하니"(고전 4:15)라고 하고 있다. 그저 교사의 자리에서 공과를 가르치는 교사는 많으나 한 사람 한 사람을 그리스도의 제자로 만들기 위해 힘쓰는 교사는 많지 않다. 제자 삼는 사역이란 한 사람에게 집중하는 사역이다. 가르치는 기술이나 방법보다는 학생들의 삶에 관심을 가지고 접근하는 사역이다. 지식 전달보다는 삶의 변화에 치중하는 사역이다. 예수님이 제자들에게 지상명령을 전하시는 그 순간 이후로 모든 그리스도의 제자들은 동일한 명령을 받고 있다. 주님이 세워 주시는 그곳으로 가야 한다. 가서 제자를 삼아야 한다. 교사로 세움 받은 그곳이 바로 내가 파송된 곳이요, 내가 맡은 이들이 바로 내가 그리스도의 제자로 삼아야 할 대상이다.

이름은 불려질 때까지 이름이 아니고, 종은 울릴 때까지 종이 아니다. 이처럼 교사도 제자 삼는 사역을 시작하기까지 교사가 아닐 것이다.

"그러므로 너희는 가서 모든 족속(학생)으로 제자를 삼아 아버지와 아들과 성령의 이름으로 세례를 주고 내가 너희에게 분부한 모든 것을 가르쳐 지키게 하라"(마 28:19~20).

잃은 양 한 마리를 찾는 교사

얼마 전에 월트라는 사람이 필라델피아에서 세상을 떠났다. 그는 염색공으로 일하다가 오래전에 은퇴했기 때문에 가진 것은 아무것도 없었다. 그는 변변한 저서 한 권도 남겨 놓지 못했다. 초등학교 이상은 다녀본 적이 없었기 때문이다.

그의 죽음에 대해 주목하는 사람은 별로 없었다. 그러나 그는 중요한 업적 하나를 남겼다. 그는 젊은 시절, 소년들을 위한 주일학교 성경공부반을 시작했다. 많은 학생들을 가르치지는 못했지만, 13명의 소년들을 가르쳤다. 그런데 그 중에 11명이 그리스도를 위해 전임 사역자가 됐고, 그 중 한 사람은 탁월한 성경 교수법과 영향력 있는 가르침으로 잘 알려진 달라스신학교의 핸드릭슨 교수이다.

그는 무명의 교회학교 교사였으나 위대한 한 사람을 바로 세우는 업적을 남길 수 있었다.

우리는 너무 많은 사람들 사이에서 더욱 많은 사람을 상대해야 하는 사회 구조 속에서 살아가고 있다. 한 명보다는 열 명, 열 명보다는 백 명에 더 귀한 가치를 두는 물량주의의 물결 속에서 살고 있다. 그러나 진정한 의미의 참된 교회교육은 한 사람으로부터 시작된다. 잃은 양 한 마리를 찾아 나선 목자는 그 한 마리의 가치를 백 마리 중의 한 마리로 이해하지 않는다. 마치 이 세상에 그 한 마리밖에 존재하지 않는 것 같은 마음으로 교사는 한 사람 한 사람을 만날 수 있어야 한다.

전 세계에 복음의 영향력을 미치고 있는 OM선교회의 총재인 조지 버워도 사실은 클렙이라는 무명의 부인이 긴 시간 동안 그 한 사람을 위해 기도하며 헌신한 열매였고, 빌리 그레이엄도 10년 이상 그를 위해 기도하고 섬긴 한 부인의 열매였다. 세계 선교의 아버지 허드슨 테일러도 교인이 늘어나지 않아서 추궁을 받던 한 시골 교회 목사가 맺었던 유일한 열매였다.

그는 그 어린 영혼 한 사람이 주님께 돌아와 헌신했다고 자랑했고, 그 한 사람은 수천 명을 대신하는 위대한 하나님 나라의 일꾼이 됐다. 어떻게 해서든 숫자만 늘어나면 되고, 많이만 모으면 유능한 교사인가! 한 영혼에게 생명을 걸고 한 영혼을 통해서 세계를 볼 수 있는 교사가 필요하다.

몇 명을 맡았든지 그들을 숫자로 계산하지 않고 모든 가능성을 가진 한 영혼으로 대하며 물을 주고 시간과 정성을 투자하는 교사가 필요하다. 한 사람에게 모든 것이 걸려 있다. 한 사람을 잃어버리면 모든 것을 다 잃어버릴 수도 있다.

고등부 교사 시절에 한 학생을 위해 시간을 내고 오직 이 땅에 그 한 사람밖에 없는 듯이 그에게 주님의 말씀을 전했던 적이 있었다.

"선생님, 저는 살았습니다. 감사합니다. 저는 목사가 되겠습니다."

그는 약속대로 지금 목사가 되어서 많은 영혼을 주님께로 인도하고 있다. 한 사람에게 생명을 걸라. 한 사람에게 모든 것을 투자하라. 한 사람에게 위대한 영향을 미치고 영원히 기억되는 그 한 사람의 교사가 되라.

목사님, 저희에게 화나셨습니까?

"목사님, 저희들에게 화나셨습니까?"

모든 것이 생소하기만한 선교사역 초기에 칠레 원주민 몇 형제가 따지듯이 물어왔다. 그들은 내게 왜 말이 별로 없느냐, 표정은 왜 그렇게 엄숙하냐, 우리가 뭔가 잘못했기에 얼굴이 굳어 있는 것이 아니냐고 물었다.

그들은 약간은 엄숙하고 될 수 있는 대로 말수를 줄이려고 노력하며 다소 명상적인 한국 목사 스타일을 이해하기 어려웠던 것이다. 그래서 열심히 설명했다. 한국 목사는 원래 좀 말이 없는 편이라고, 오히려 말이 많아질 때가 별로 좋지 않을 때라고. 그러나 그들은 나에게 분명한 어조로 자기들의 문화에 의하면 말을 잘 하지 않고 표정이 엄숙하면 화를 내는 것이거나 좋은 감정을 가진 것이 아님을 의미한다고 했다.

그들이 돌아간 후에 거울을 보았다. 거울 속에는 근엄한 한 한국 목사가 굳은 표정으로 서 있었다. 웃는 표정을 지어 보았다. 언어 공부는 열심히 해서 의사소통에는 문제가 없는데 아직도 한국 목사의 옷은 벗지 못하고 있으니 이들이 가슴을 열지 못한다는 생각이 들었다.

그날 이후 내게는 큰 변화가 생겼다. 칠레 형제들을 만나면 그들처럼 호들갑을 떠는 듯한 인사를 하기 시작했다. 그들의 유머 감각을 익히면서 그들의 얼굴로 그들에게 접근하기 시작했다. 그들의 만화를 읽으면서 그들이 어느 대목에 웃는지 공부했다. 그들처럼 다소 수다스럽게 삶의 이야기들을 쏟아 놓았다. 그것은 고통이었다.

내가 그때까지 지닌 문화의 틀을 깨야 하는 아픔이었다. 그러나 그들은 이렇게 그들의 눈높이로 다가오는 나를 그들의 목사로 받아들여 주었다. 시간이 지나면서 어느덧 나도 그들 중의 한 사람이 되어 갔다. 때로는 밤을 새워가며 그들과 함께 웃고 그들을 웃기며 나누는 것도 즐기게 되었다. 이때부터 선교의 문이 열리기 시작했다.

교사가 아무리 많은 준비를 하고 많은 지식을 갖추었다고 해도 학생들이 마음을 닫고 교사의 말을 들어주지 않는다면 아무 소용이 없을 것이다. 그들의 마음속에서부터 교사들을 그들의 스승으로 용납하고 인정해야 비로소 교육 효과를 기대할 수 있을 것이다. 그들만의 독특한 문화 속에서 살고 있는 학생들에게 접근하기 위해서는 선교사가 타 문화권에 가서 한 문화의 장벽을 넘는 것과 같은 노력이 요구된다. 이런 의미에서 모든 교사들은 또 하나의 타문화권 선교사들이라고 할 수 있다.

문화를 넘지 않고 선교가 이루어질 수 없듯이 그들의 삶의 방식과 그들의 독특한 언어를 이해하며 그들의 눈높이로 다가가지 않고서는 교육이 이루어질 수 없기 때문이다.

고등부 교사로 봉사했던 어느 해에 내가 맡고 있던 고3들을 잘 가르치기 위해 고심하고 있었다. 밤늦게까지 공부하고 있을 학생들을 위해 심야 음악방송 프로그램에 사랑의 메시지와 함께 음악을 신청했다. 물론 눈에 띄어서 뽑히는 엽서가 되기 위해 그 방면의 전문가에게 부탁하여 특수 제작한 엽서를 보냈는데 신청한 날짜에 맞추어 신청곡이 메시지와 함께 방송됐다. 공부하고 있던 우리 반 학생들이 그것을 들었다. 그 다음 주일날의 분반공부는 얼마나 은혜스러웠는지. 그들은 더욱 마음을 열고 나를 그들의 세계로 받아들여 주었다.

눈높이 맞추기는 작은 것 하나에서부터 시작할 수 있다. 정서에는 맞지 않지만 그들의 노래를 듣고 가사를 음미해 보라. 그 속에 그들의 언어가 있다. 그들이 잘 들어가는 사이트에 들어가서 그들의 관심을 읽어 보라. 가끔 이메일을 보내라. 짧은 한 줄이라도 문자 메시지를 남겨라.

준비된 교안을 그냥 가르치지 말고 다시 한 번 그들이 이해할 수 있는 생생한 그들의 언어로 번역하라. 예수님은 하나님이지만 사람이 되셔서 사람의 눈높이까지 자신을 낮추시고 사람들의 생생한 언어로 하늘의 비밀을 풀어서 전하셨던 가장 완벽한 교사이며 선교사였다. 예수님처럼 날마다 조금씩 더 눈높이를 낮추고 높아만 가는 그들의 문화 장벽을 넘어서 그들에게로 다가서는 교사가 되자. 교사는 타문화권 선교사이다.

부산 성시화 운동 발족

 언제부터인가 전국의 복음화율을 이야기하면서 부산은 항상 가장 덜 복음화된 도시의 대명사로 불려 왔다. 복음화율을 말할 때 후하게 봐 주어서 10%, 어떤 통계로는 6%, 흔히 7%라고 말한다. 복음화율이 저조한 원인에 대해서는 구구한 변명이 많다. 원래 항구도시는 미신이 심해서, 부산에 왕성한 불교세력 때문에, 부산은 문화의 불모지라서 교회도 역시 어렵다는 등의 이유를 들어 보지만 하나도 속 시원한 대답은 없다. 같은 조건에서도 복음화율이 높은 도시를 얼마든지 찾아볼 수 있기 때문이다. 그러나 오히려 쉽게 찾을 수 있는 분명한 이유 하나가 있다. 그것은 바로 교파간의 갈등이요, 교회간의 소원함이다.
 이유야 어찌되었든 부산은 교파 분열의 가슴 아픈 상처를 가진 도시이다. 형제가 서로 싸우고 있거나, 반목질시하고 있는 집에는 손님이 찾아오기 어려운 법이다. 부산의 영적 기류를 관통하고 있는 모든 종류의 교회간의 분열과 갈등 구조를 치유하는 것이 무엇보다 시급하다. 이런 의미에서 모든 교파, 모든 조직을 총망라하여 손을 잡은 부산 성시화 운동본부의 발족은 부산의 영적 분위기를 일신시킬 수 있는 소망스런 움직임이라 하겠다.

한국 교회는 1970년대에 큰 성장을 경험했다. 그 성장의 흐름에는 온 교회가 교파를 망라하여 함께 모인 연합 운동이 있었다. 이런 의미에서 부산 성시화 운동은 부산 복음화의 청신호가 될 것이다. 이 움직임이 그저 분위기에 편승한 일시적인 운동이 되지 않기를 바란다. 이 운동은 그리스도를 구주로 고백하는 어떤 교회나 단체든지 함께 손을 잡고 부산 전체가 복음화되어 거룩한 도시가 될 때까지 계속되어야 한다. 지난 번에 사직 실내 체육관에서 가진 본부 발대식의 모습은 교파와 교회를 초월한 전국의 그것과도 같았다. 모두 공감한 것이 바로 우리가 그리스도 안에서 하나라는 사실이다. 오래된 옛 이야기는 모두 접어두기로 하자. 누가 잘하고 못했는지는 천국에서 주님이 직접 판단하시게 하자. 그리고 우리는 모든 닫힌 문들을 활짝 열고 서로를 용납하며 인정하자. 그래서 부산 시민들에게 우리가 하나인 것을 보여 주자.

어차피 모든 교회의 정치적 연합은 너무도 멀리 있는 목표임을 우리는 안다. 그러나 모든 교회가 영적으로 하나가 되고 함께 힘을 합쳐서 복음을 전하자는 성시화 운동을 통해서 충분히 하나가 될 수 있을 것이다. 이를 위해서는 철저하게 교단적 색채나 개교회의 색채, 정치적 색채를 배격하는 신중함이 필요할 것이다. 오직 이 운동을 통해서 예수 그리스도만 존귀하게 되셔야 한다. 수많은 기독교 조직위원회에 또 하나의 조직을 더하는 결과가 되지 않기를 바란다. 더 많은 이들이 손을 잡을수록 더 큰 원을 그릴 수 있다. 모든 교회가 함께 손을 잡고 부산 성시화의 대열에 합류하기를 바란다.

새 천년은 새로운 표정과 함께

30대 초반에 목사 안수를 받은 나는 비장한 표정과 함께 목회를 시작했다. 어릴 때부터 봐온 목사의 표정과 음성은 아주 자연스럽게 나의 새 표정과 새 자세가 되어 갔다. 엄숙한 표정, 근엄한 모습, 웃음을 모르는 듯한 심각한 얼굴……. 이런 것들은 이미 한국 목사의 트레이드 마크로 인식되어 있었고 나도 열심히 근접해가기 위해 노력했다. 그러다가 선교사로 부름을 받아 선교지에 도착하게 되었을 때 나는 심각한 문화적 충격에 직면하게 되었다.

선교 본부교회를 개척하고 얼마 되지 않은 어느 날 그야말로 심각한 얼굴의 원주민 성도들이 찾아왔다. 왜 그렇게 항상 화가 나 있느냐는 것이었다. 우리가 무엇을 잘못했기에 그토록 불만스런 표정이며, 왜 말수는 그렇게 적으냐는 것이었다. 앗차 하는 생각과 함께 열심히 설명했다. 한국 목사는 원래 말이 좀 없고 원래 좀 심각해 보이는 것이니 오해하지 말아 달라고 부탁했다. 그들은 나에게 "로마에 오셨으면 로마 사람이 되십시오" 하고 충고했다. 그날 밤 나는 거울을 보며 내 표정을 관찰했다. 거기에는 엄숙하고 심각한 한국 목사가 있었다. 그리고 새로운 땅에서 새 언어를 배우는 것보다 새 표정을 배우는 것이 더 중요한 것을 깨닫고 표정을 바꾸기로 결심했다. 그날 나는 권위적인 얼굴, 엄숙한 얼굴을 복음을 위해 버리기로 했다. 그날부터 나의 선교사역은 변화되기 시작했다. 그들은 마음을 열고 나를 그들의 목사로 받아 주었으며 그들과 함께 웃으며 공감하는 목회를 할 수 있었다.

　우리는 오래된 유교 문화의 영향을 우리의 깊은 잠재의식 속에 갖고 있다. 예를 갖추는 것은 좋으나 유교 문화는 우리의 사회 구조 자체를 너무 딱딱하게 엮어 놓았다. 마음에서 우러나오는 존경이 아닌 주어진 권위에 대해 무조건 복종을 강요하는 분위기는 아직도 사회 전반에 팽배하다. 어떤 모임에서든지 부드러운 대화보다는 일방적인 연설 내지는 권위자의 강력한 자기주장이 주종을 이루는 경우가 아직도 많다. 거기에다가 오래 유지된 군사 문화는 우리 얼굴에서 표정을 빼앗아가기도 했다. 자기 얼굴을 최대한 감추고 위압적인 모습을 보이기 위해 늘 선글라스를 끼는 것을 즐겼던 고 박정희 대통령의 굳은 표정은 아직도 지워지지 않는 한국인의 표정이 되어 우리의 기억 속에 남아 있다. 언제쯤이면 환한 얼굴로 웃음을 띄고 대화하듯이 연설하는 대통령의 모습을 우리도 볼 수 있을까? 그런데 한국 교회도 표정이 없고 굳어 있기는 매한가지이다. 항상 야단칠 일만 많아서 일까? 설교하는 목사님의 얼굴은 늘 굳어 있다. 때로는 화난 사람처럼 보이기도 한다면 너무 지나친 말일까? "기뻐하며 경배하세"라고 찬송하는 성도들의 얼굴에 너무 표정이 없다. 기독교는 기쁨의 종교인데 그 기쁨을 억누르고 애써 엄숙하려고 하는 모습을 보인다.

  세계가 더욱더 한 동네처럼 지내게 될 새로운 천년이 눈앞에 펼쳐지고 있다. 새로운 천년에 걸맞는 새로운 표정이 우리에게 요구된다. 이미 권위와 위압의 시대는 지나갔다. 엄숙한 얼굴과 굳은 표정으로 지켜오던 권위는 이미 거부되기 시작한 지 오래다. 목소리를 낮추어 자연스럽고 편안하게 말하는 연습을 하자. 심각하고 엄숙한 얼굴보다 편안하고 환하게 미소 짓는 표정을 연습하자. 화난 듯한 표정을 연출하기 위해서는 모두 64개의 근육을 동원해야 하지만, 미소 짓는 얼굴은 단지 13개의 근육을 사용함으로써 만들 수 있다고 하지 않는가. 예배에 표정이 있게 하자. 하나님 앞에서 아빠 품에서 행복한 아들과 딸의 표정 짓기를 어색해하지 말라. 설교자의 얼굴에 표정이 있게 하자. 성도의 얼굴에 표정이 있게 하자. 그래야 우리가 만날 세계의 친구들에게 따돌림 받지 않고 그들과 함께 세계 선교의 사역을 완수해 나갈 수 있을 것이다. 지금도 남미 친구들이 내게 해 준 말을 기억한다. "세배 무이 세리오(목사님, 너무 심각하게 보입니다)."

  오늘 아침도 새천년의 표정을 연습하기 위해 새벽 기도 가는 길에 엘리베이터 속에서 거울을 보면서 지난 밤 동안 굳어져 있던 얼굴을 펴며 활짝 웃는 일로 하루를 시작한다.

부활을 꿈꾸는 봄

"빼앗긴 들에도 봄은 오는가."

시인 이상화는 독립을 잃은 조국을 안타까워하며 시를 지었다. 오염되어 완전히 시커먼 색깔이 되어 흐르는 낙동 강가를 지나다가 그래도 해맑게 피어난 봄풀과 꽃들을 보며 그의 시가 떠올랐다. 그리고 이내 "오염된 들에도 봄은 오는가" 하고 되뇌어 보았다. 공장 폐수와 오물로 범벅이 된 썩은 땅을 뚫고 올해도 용하게 피어 준 꽃들이 고맙기도 하고 또 미안하기도 하다.

'사람들 때문에 너희들이 고생하는구나.'

결혼 주례 때마다 인용하는 나의 관용구인 에덴동산에 피어났을 아름다운 꽃들은 아마도 지금보다 더 밝고 아름다웠을 것이다. 인간의 타락과 함께 자연계도 중병을 앓고 있다. 그들도 주님이 다시 오시는 그 부활의 봄을 기다리고 있을 것이다. 그때가 되면 사람도 회복되고 자연도 회복될 것이기 때문이다. 사자들이 어린양과 뛰놀고 독사 굴에 손을 넣고 장난쳐도 아무 일도 없는 때가 올 것이다. 타락한 인간성 때문에 어디서나 갈등과 분쟁이 있다. 함께 손을 잡고 서로 사랑하며 살지 못하고 미워하고 시기한다. 심지어 구원 받은 하나님의 백성들까지도 아직 남아 있는 옛사람의 영향 때문에 더러는 갈등 속에서 괴로워한다. 그러나 부활의 봄이 오면 이 땅의 모든 분쟁이나 미움, 저주도 아주 사라질 것이다.

여덟 살배기 꼬마가 소아암에 걸려서 괴로워하고 있다. 아, 내게 그를 당장 일으킬 수 있는 능력이 있다면 얼마나 좋을까. 병원마다 가득 찬 환자들을 바라보면서 가슴이 아파온다. 모두가 신음하고 있는 피조물들이다. 이 모든 고통과 신음 사이로 들려오는 소리가 있다. "사망아, 너의 쏘는 것이 어디 있느냐." 바로 부활하신 주님의 음성이다. 부활은 결단코 미래적 사건으로 남아 있어서는 곤란하다. 예수님은 이미 부활하셨다. 예수님 안에서 부활이 우리에게 현재적 사건으로 다가와야 한다. 오늘 내가 부활을 경험하면서 살지 못한다면 미래에 우리에게 다가올 부활은 희미한 꿈에 불과할 것이다. 그렇다. 믿음이란 아직 이루어지지 않은 일을 현재에 앞당기는 능력이다.

시인 에머슨은 "믿음이란 뻐꾸기의 알 속에서 뻐꾸기의 노래 소리를 듣는 것"이라고 하지 않았던가. 더욱 빠른 속도로 오염되고 있는 자연을 보면서 부활 때까지는 할 수 없다고 말하지 말고, 피조물이 빨리 나타나기를 기다리는 하나님의 아들들인 우리의 손으로 그들을 돌아보자(롬 8:19). 갈등과 분쟁을 당연한 것으로 받아들이지 말고 주님의 부활의 능력이 우리를 통해 나타나서 사랑과 조화가 가득 찬 공동체를 이루어가도록 하자. 미래에 가능한 일이라면 부활하신 주님 안에서 오늘도 가능할 것이다. 절망이 가득 찬 슬픔의 현장을 어쩔 수 없는 것이라고 받아들이지 말고 그들에게 부활의 소식을 선포하자.

"나는 부활이요 생명이니 나를 믿는 자는 죽어도 살겠고 무릇 살아서 나를 믿는 자들은 영원히 죽지 아니하리니"(요 11:25~26).

부활의 주님이 그들을 일으킬 것이다. 부활의 공동체인 교회는 미래의 부활만 노래하면서 꿈꾸지 말고, 오늘의 부활을 이 땅에 선포하기 위해 고통과 슬픔이 있는 구석구석을 찾아가야 한다. 장애인들을 찾아가서 그들에게 부활의 소식이 되어 주어야 한다. 외로운 노인들을 찾아가서 그들에게 부활의 소망이 되어야 한다. 아직도 봄이 찾아오지 않고 있는 노숙자들에게 부활을 설명하는 의미가 되어야 한다. 올해도 찾아온 봄을 해마다 다가오는 부활절이 있는 봄으로만 생각하면 곤란하다. 부활절 색 계란과 부활절 음악회로 지나가는 부활이 무슨 의미가 있는가. 또한 현재의 모든 문제와 갈등을 당연한 것으로 받아들이고 미래의 부활이나 꿈꾸는 현실 도피적인 부활절이 되어서는 안 된다. 부활의 소망을 가졌다면 오늘 우리 교회와 가정과 사회 속에 부활의 역사가 우리를 통해 구체적으로 나타나게 하는 현재적 의미의 부활이 되게 하자. 어느 해 부활절에 감격적으로 불렀던 칸타타 한 소절이 기억난다.

"주님의 부활이 내 부활 또 우리 부활일세."

황사가 날아오는 계절

우수, 경칩을 지나 꽃소식을 기다리고 있던 우리에게 반갑지 않은 손님이 꽃보다 먼저 한반도를 찾아왔다. 바로 그 손님은 3,4월이면 저 멀리 중국 대륙에서 북서풍을 타고 시속 50~80km로 날아서 기다리지도 않는 우리를 찾아온 황사이다. 발원지는 한반도의 20배가 넘는 몽고의 고비사막과 톈산산맥 부근의 사막지대이다. 이들은 쉴 새 없이 날아서 3일이면 한반도에 비자도 없이 입국한다. 특히 고비사막 주변에서 계속되고 있는 사막화 현상은 더욱 많은 양의 황사를 빈번하게 이웃 나라를 향해 날려 보내고 있다. 그렇다. 황사의 주범은 바짝 마른 사막이요, 황토지대이다. 중국 대륙의 사막화는 그들만의 문제가 아니다. 그곳의 메마름 때문에 애꿎은 이웃 나라들이 함께 고통을 당한다. 호흡이 곤란하고 눈이 따끔따끔한 고통을 거의 일 주일이나 당한 우리들은 저 건너 편에 있는 중국 대륙을 향해 눈살을 찌푸리다가 문득 우리를 돌아보게 된다. 한 사람이 사막처럼 거칠고 메말라가는 것은 그 한 사람만의 문제가 아니다. 그 한 사람 때문에 많은 사람이 함께 고통을 당한다. 바짝 마를 대로 마른 한 학생이 부모에게 꾸중을 들었다고 홧김에 일으킨 불 때문에 죄없는 소방관들 여러 명이 희생당했다. 그 바짝 마른 마음을 누군가 좀 축축하고 부드럽게 해주었더라면 죽음의 황사가 서울 하늘에서 날지 않았을텐데……. 투자한 돈을 떼인 가슴이 마른 사람이 위협용으로 그어 붙인 신나통이 폭발하여 또 한 번 죽음과 눈물의 황사가 여러 사람의 가슴을 미어지게 했다. 누군가 그 분노의 먼지가 이는 남자의 가슴에 사랑을 공급하고 소망을 공급할 수만 있었더라면 이런 비극은 일어나지 않았을 것인데…….

하나님이 교회를 세우시고 성도를 이 사막 같은 세상에 보내신 이유가 바로 여기에 있다. 황사를 막는 유일한 해결책은 조림과 관개뿐이라고 했다. 교회는 메마를 대로 메마른 세상이라는 사막 속에 서 있는 나무이다. 자기 혼자만의 푸르름과 싱싱함을 자랑하지 말고 마땅히 메말라 가는 지역 사회에 관심을 가져야 한다. 자기 유지만을 위해서 급급하지 말고 메마른 곳에 사랑의 수분을 공급해야 한다. 노숙자와 독거노인들과 실직자들에게 힘써 사랑의 물을 뿌려야 한다. 날이 갈수록 거칠어지고 있는 청소년들을 위해 사랑과 관심의 스프링쿨러를 마련해야 한다. 이러한 교회의 스프링쿨러 사역은 심령의 사막화 현상을 막게 될 것이고, 메마른 사막이 점차 옥토로 변화하여 이 사회의 황사 현상도 줄어들게 될 것이다.

그런데 더욱 안타까운 것은 사막화를 막아야 할 교회가 오히려 메마르고 서로 미워하며 다투고 나뉘어져서 주변에 황사를 날려 세상사람들의 눈을 찌푸리게 하는 것이다. 주변의 사람들에게 사랑의 물을 공급해야 할 그리스도인들의 마음이 오히려 불신자보다 더 메말라져서 서로 용서하지도 못하고 사랑하지도 못하며 하나 되지도 못한다면 우리가 바로 황사의 주범이 될 수 있는 것이다. 사순절을 보내는 우리가 할 일이 여기에 있다.

사랑의 눈물과 봉사의 땀과 희생의 피로써 사막 같은 세상을 적시신 예수 그리스도의 삶과 죽음을 묵상하며 우리의 마음이 사랑과 은혜로 축축해져야겠다. 모든 미움을 몰아내고 분쟁과 시기를 잘라내어 잘 관개된 옥토 같은 심령을 준비해야겠다. 그리고 교회의 대 사회적 스프링쿨러 시설을 점검하고 다시 새롭게 지역 사회를 향하여 힘있게 사랑과 섬김의 물을 뿌릴 수 있어야겠다. 중국 정부가 황사를 잡기 위해 명명한 녹색의 만리장성은 조림사업이다. 푸른 나무 같은 의인 열 그루가 없어서 멸망한 소돔성을 기억하고, 부지런히 복음을 전해서 이 땅을 참 그리스도인의 만리장성으로 두르자. 황사가 날아오는 계절에 황사를 보며 찌푸리지 말고, 메마른 영혼들을 향해 더욱 힘차게 사랑의 물을 뿌리자.

새 포도주를 담을 새 부대를

몇 년 전에 바다 밑에 침몰해 있던 난파선이 인양된 적이 있었다. 그 배가 보물을 가득 실은 보물선이 아닐까 하여 사람들의 기대를 모았다. 그런데 보물은 없었고 그 배에서 포도주 상자가 발견되었다. 적어도 수백 년 된 포도주인 셈이다. 인양하던 사람들은 이 기막힌 포도주를 맛 볼 생각에 부풀어 있었다. 과연 어떤 맛일까, 포도주와 친구는 오래될수록 좋다고 하지 않던가. 뚜껑을 열고 맛을 보았을 때 사람들은 실망하고 말았다. 이미 포도주가 아닌 변질된 액체에 불과했다.

사람들은 오래된 것을 좋아한다. 전통을 자랑한다. 전통은 규범을 만들고, 규범은 거기에 안주하는 사람들에게 편안함을 준다. "왜 그렇게 합니까?" 하고 물으면 "전부터 그렇게 했으니까" 하고 대답한다. 그러나 가끔은 포도주 뚜껑을 열어서 맛을 볼 일이다. 이미 그 포도주는 변질되어 더 이상 포도주가 아닐지도 모른다.

　오래되었다고 반드시 좋은 것은 아니다. 남들이 모두 그렇게 한다고 반드시 진리일 수 없다. 우리는 갈릴레오의 지동설이 절대 다수의 사람들에게 정죄되었던 사실을 알고 있다. 예수님 당시에도 그랬다. 바리새인들은 그들이 알고 신봉하던 율법만이 유일한 그들의 세계관이요, 다른 모든 것을 저울질하는 가치관이며 잣대였다. 그러나 율법은 이미 포도주의 구실을 못하는 변질된 포도주에 불과했다. 그들은 우스꽝스럽게도 그 변질된 포도주를 낡은 부대 같은 낡은 사고방식과 삶의 방식으로 감싸고 있었다. 그러나 주님의 복음은 인간을 자유하게 하고 모든 묶인 것을 풀어 주는 생명의 포도주, 새로 담근 포도주였다. 바리새인의 사고 방식으로는 새 포도주인 복음을 받아들일 수 없었다.

　생명의 복음은 그것을 담을 새 부대를 요구한다. 복음의 본질은 변화할 수 없지만 그것을 적용하고 표현하고 선포하는 형식은 시대를 따라 적절히 변화하고 적응되어야 한다. 우리 앞에 21세기라는 새 시대가 펼쳐지고 있다. 1999년은 새 시대를 위한 복음이 더욱 효과적으로 전파되기 위하여 지금까지 사용해 온 한국 교회의 모든 부대들을 점검하는 한 해가 되어야 할 것이다. 낡은 부대는 과감하게 던져 버려야 한다.

　6·25 직후 길거리에 좌판을 펼쳐 두고 구두를 수선하던 사람이 있었다. 장사가 잘 되었다. 자기 일을 도울 청년 한 사람을 채용했는데 그 청년은 열심히 일했다. 얼마 뒤 이 청년은 따로 나가서 자기의 일을 시작하여 큰 재산을 모았다. 그러나 구두를 수선하는 아저씨는 계속해서 그 일을 했다. 그는 평생을 그 좌

판과 함께 보냈다. 자기에게 편함을 주는 좌판을 그는 끝까지 놓지 못했다.

한국 교회가 끝까지 놓지 못하고 붙들고 있는 것은 무엇인가. 그것은 복음보다 더 중요한 그 무엇인가. 낡은 부대라면 아낌없이 버리고 새 부대를 준비하자.

한국 교회는 그동안 권위적이고 위압적인 강단을 사용해 왔고, 설교자들은 높고 장엄한 그곳에서 낮고 천한(?) 청중들을 내려다 보며 심판자처럼 설교해 왔다. 고통스런 삶의 자리에 서 있는 갈급한 하나님의 백성을 향해 강단을 활짝 열고 그들에게로 한 걸음 더 가까이 다가설 수는 없을까. 목이 아프게 우러러 보아야 하는 청중들이 그들의 눈높이로 편안히 설교자와 함께 대화하며 열린 강단을 향해 손을 활짝 펴고 다가오는 주님 품에 안기게 할 수 없을까.

영상매체를 사용하는 것을 주저하지 말고 과감히 도입함으로써 비디오세대들을 가슴에 안으라. 의식적이고 습관적인 예배를 감격과 기쁨이 있는 축제 같은 예배로 전환하여 드리게 하자. 경직된 예배의 스타일을 다양하게 변화시켜 모든 세대가 각자에게 맞는 표현으로 예배하게 하라.

주일에만 문을 여는 구약시대 성전 개념의 교회에서 지역 사회를 향해 활짝 문을 열어 일 주일 내내 지역 주민들의 발걸음이 끊이지 않는 지역 사회의 센터 같은 교회를 준비하자.

권위와 군림의 시대는 지나가고 섬김과 동반자의 시대가 열리고 있다. 모든 직분을 계급의 개념에서 섬김의 개념으로 바라보자. 교회의 모든 조직을 점검하자. 낡은 부대 같은 조직은 과감히 구조조정하라. 모든 교회 조직은 생명이 있는 유기체여야 한다.

　주님이 우리에게 21세기를 주시는 것은 우리가 바로 새 시대를 위한 일꾼들이라는 증거이다. 새 포도주를 담을 새 부대를 준비하여 더욱 효과적으로 복음이 전파되게 하며 하나님의 나라가 확장되게 하자.

어버이날을 맞이하며

　사순절과 부활절을 지나 바쁘게 달려오던 걸음을 멈추고 고개를 들어 앞산을 바라보니 어느새 신록이 우거지기 시작하는 5월이다. 5월은 어린이날이 있어서 더욱 푸르다. 푸르고 싱싱하게 자라나는 어린이들, 이미 장성한 나무로 우뚝 서 있는 어제의 어린이들, 그들의 푸르름의 그늘에는 회색빛 어버이들의 땀과 눈물이 스며 있다. 그들의 수고와 희생은 거름이 되기도 하고 단비가 되기도 하여 이렇게 5월을 푸르게 만들어 놓은 것이다.
　어느 날 산책길에서 자전거가 넘어지는 것을 보았다. 거기에는 젊은이가 있는 것이 아니고 백발의 노부부가 넘어져 있었다. 할아버지는 얼굴이 찢어져 피를 흘리고 있었다. 할머니를 기쁘게 하기 위해 2인용 자전거를 용감하게 타고 뒤에 할머니를 태우고 달리던 할아버지는 더 이상 할머니의 무게를 지탱할 수 없었던 것이다. 병원으로 할아버지를 모시고 가면서 78세의 주름진 그의 얼굴 속에서 푸른빛 뒤로 사라져가는 우리의 어버이들의 모습을 보았다.

　핵가족 시대와 함께 우리의 어버이들은 홀로 살기 시작했다. 비록 장소적으로는 부모님을 모시고 사는 집이 더러 있어도 그들은 작은 방 한 귀퉁이로 점점 밀려서 숨을 죽이고 살 수밖에 없게 되었다. 아무도 그들에게 말을 거는 사람이 없어서 하루에 열 마디의 말도 하지 못하고 사는 부모님들이 점점 늘어가고 있다.

　5월을 맞이하는 교회는 제5계명의 위치를 다시 회복시켜야 한다. 부모를 공경하라는 계명은 옛날에만 유효한 계명이 아니다. 지금도 여전히 대신계명과 대인계명을 이어주는 교량의 역할을 한다. 보이는 어버이를 공경할 줄 모르는 자가 보이지 않는 하나님을 공경할 수 없고, 가장 가까이 있는 부모를 돌보고 사랑할 줄 모르는 자가 다른 사람들을 사랑할 수 없기 때문이다.

　인천의 모 교회는 효도대학원을 설립하여 사람들에게 효의 중요성을 가르치고 있다. 교회는 효의 중요성을 가르쳐야 한다. 효를 배울 수 있는 프로그램을 개발해야 한다. 그리고 구체적으로 뒤로 나앉아 있는 외로운 우리의 어버이들을 위한 사역을 심화해야 한다. 생산적인 그룹이 아니라고 해서 그들을 위한 투자와 배려를 소홀히 하는 것은 교회가 취할 마땅한 자세가 아니다.

　얼마 전 그들을 위한 모임을 알리는 편지를 그들의 이름 앞으로 보낸 일이 있었다. 그런데 한 할머니가 감격스런 목소리로 전화를 했다. "보잘것없는 사람에게 관심을 가져 주셔서 너무 감사합니다." 아니다. 그들은 보잘것없는 노인들이 아니다. 세상을 푸르게 만든 어르신들이다.

　이제는 우리가 그들을 푸르게 해 드려야 할 차례이다. 그들에게 관심을 가져야 한다. 그들과 자주 대화를 나누어야 한다. 그들의 필요를 공급해 드려야 한다. 그들이 마음놓고 놀 수 있는 장을 제공해야 한다. 마음만 젊은 그들이 자전거를 타실 수 있도록 뒤에서 붙잡아 주는 역할이 바로 자녀들의 역할이다. 나무라지 말고 잘 하신다고 칭찬하며 격려하는 역할을 교회가 하고, 그들로 하여금 교회와 함께 행복한 노후를 보내게 하라.

시민단체의 선거 낙선 운동

쇄국정책으로 유명했던 대원군이 어느 날 민심이 궁금했다. 그래서 사람을 풀어서 민심을 살펴보게 했다. 돌아와서 보고하기를 백성들은 아무런 불평 없이 조용히 잘 살고 있다고 했다. 대원군은 의외의 말을 했다. "조용하다니, 이거 심상치 않은 조짐이 분명하군." 절대 권력을 가진 그도 항상 민심에 귀를 기울였고 백성의 소리가 들리지 않는 것을 불안해했던 것이다.

눈도장을 찍기 위해 후보들이 예배에 참석하는 것을 보니 선거의 계절이 다가온 것을 느낀다. 경실련은 지난 1월 10일 공천 부적격자 167명의 명단을 공개하려고 했다. 또한 '2002년 총선시민 연대'가 발표한 66명의 '낙천 및 낙선 운동' 대상 명단이 일파만파의 파문을 몰고 와서 온 나라를 시끄럽게 만들고 있다. 음모설이 나돌고 찬반양론이 엇갈려 있지만 이것이 바로 백성들의 소리이며, 민심의 향방을 보여 주는 엄숙한 지표라고 할 것이다. 이 소리는 터지는 봇물 같은 것이어서 결단코 막을 수 없을 것이다.

예수님 당시에도 이런 소리는 있었다. 세례 요한은 자기 동생을 죽이고 동생의 아내를 취한 '공천 부적격자'인 헤롯 안티파스를 향해 그러면 안 된다는 백성의 소리를 대변했다. 헤롯은 그의 목을 베었지만 백성의 소리는 잠재울 수 없었다. 예수님도 헤롯을 향하여 "가서 저 여우에게 말하라"는 표현을 사용하심으로 그가 왕좌에 있기에 적절하지 못한 자임을 공포하셨다.

역사의 가장 큰 비극은 지도자가 되어서는 안 될 사람이 지도자의 자리에 앉는 일이다. 잘못 세워진 지도자 한 사람 때문에 생긴 비극의 예를 말하기에는 시간이 부족하다. 그러므로 부적격자 낙천 및 낙선 운동은 애국하는 중요한 하나의 방법이 될 수 있는 것이다. 유권자들로 하여금 그들이 결단코 세우지 않아야 할 지도자에 대한 바른 정보, 반드시 어느 한 편에 치우치지 않는 정보를 알려 주는 것은 법에 의해 보호받아야 한다. 이런 의미에서 시민 단체들의 선거 개입을 금지하는 선거법 87조는 마땅히 개정되어야 한다.

1996년 알버커키에서 열린 미국 장로교회 총회의 초청을 받아 그들과 지내는 동안에 그들이 선거하는 방식을 보면서 충격을 받았다. 모든 것이 컴퓨터 시스템을 이용하여 진행되었는데 먼저 초대받은 각 나라 교회 대표들이 먼저 키보드를 눌러 투표했다. 그 다음 선거권이 없는 청년 대표들이 투표하게 한 후에 500여 명의 총대들은 이들의 준엄한 소리를 의식하며 화면에 나타난 결과를 참고하면서 투표에 임했다. 그런데 항상 거의 같은 결과가 나타나는 것을 보고 역시 민심이 천심인 것을 느꼈다. 시민 단체들의 역할은 바로 이렇게 결집된 백성들의 소리를 듣게 하는 일이라고 할 수 있다. 그러나 몇 가지 유의할 것도 있을 것이다. 먼저 이 작업을 해야 하는 시민 단체들이 전문성을 확보해야 하는 일이다.

미국의 시민단체인 커먼 코즈(COMMON CAUSE)는 회원이 25만 명이고 본부 예산만 1,000만 달러가 된다. 각 계층을 총망라한 전문가들이 후보자들의 자격을 심사하고 낙선운동을 벌인다. 경실련의 경우 23일 동안 시민 입법국의 상근직원 5명과 자원 봉사자 1명이 심사 작업을 했다고 하니 전문성에 있어서 무리가 있다는 지적이다. 잘못하면 선의의 피해자도 나올 수 있을 것을 고려하고 더욱 전문화된 활동을 해야 할 것이다.

또한 심사 표준에 대한 문제이다. 개인이나 어떤 단체의 가치가 잣대 설정의 기준이 되어서는 곤란하다. 흑백논리식의 잣대로 후보들을 판단하다가는 시민 단체마저도 심사하자는 소리가 나올지도 모를 일이다. 모든 사람이 공감할 수 있는 도덕성의 문제와 성실성의 문제는 중요한 잣대가 될 수 있다. 그러나 그들이 한 발언이나 성향을 문제 삼는 것은 또 하나의 인권 침해가 될 것이다. 그런 것은 선거 때에 유권자가 판단하도록 넘겨 주고 시민 단체는 지극히 객관적인 것들만을 잣대로 삼을 수 있기를 바란다. 그뿐 아니라 이런 시민 단체들의 활동을 어떤 정당이나 개인이 악용하지 못하도록 하는 철저한 안전장치가 있어야 할 것이다.

새롭게 열린 21세기는 NGO의 세기가 되어야 할 것이며, 이번 총선을 계기로 지도자가 되기를 희망하는 모든 이들이 먼저 백성을 두려워하고 백성을 위한 존재임을 분명히 인식하는 분위기가 조성될 수 있기를 바란다.

미지의 땅에 착륙하는 마음

 선교사로 파송을 받고 설레는 마음으로 김포공항을 이륙한 지 33시간, 지루하고 초조한 여행이 끝나가고 있었다. 시야에는 안데스 산맥의 만년설이 나타났다. 여행의 지루함을 달래기 위해 비행기의 이곳저곳을 거닐고 있었는데 안내 방송이 나왔다. 이제 곧 산티아고 공항에 도착할 것이니 자기 자리로 돌아가서 안전벨트를 메고 앉으라는 것이다. 내 자리로 돌아와서 착륙을 준비했다. '이제 곧 펼쳐질 새로운 땅은 어떤 모습으로 내게 다가올까?' 하며 미지의 세계에 대한 기대와 흥분으로 가슴이 설레였다.
 20세기를 마감하고 새 천년의 시작을 기다리는 지금의 마음이 그때와 비슷하다. 우리에게는 새 천년에 대한 막연한 설레임이 있고, 불확실한 것들에 대한 두려움도 함께 섞여 있다. 서력

기원 후 우리는 두 번째 천년을 맞고 있다. 어떤 의미에서 이러한 전환의 순간에 서 있는 몇 안 되는 사람들 속에 들어가는 특권을 가졌다고 생각할 수 있다. 그렇다고 해서 막연한 기대나 설레임을 가질 필요는 없다. 어차피 시간이란 사람들이 정해 놓은 약속에 불과한 것이니까. 새 천년의 태양도 지금과 변함없는 모습으로 떠오를 것이다.

그러나 이러한 전환의 순간들은 우리들로 하여금 새로운 각오와 전망을 제공해 주는 유익함이 있다. 자기 자리로 돌아가서 착륙을 기다리는 선교사의 마음이 우리에게 요구된다. 보냄을 받은 자로서의 마음이 그것이다. 하나님이 우리를 통해 하실 일이 있으므로 우리들을 새 천년에 착륙하게 해 주시는 것이다. 막연한 기대보다는 내가 감당해야 할 사명을 생각해야 한다. 보냄을 받은 자의 눈으로 보면 모든 것은 우리에게 새롭게 다가올 것이다. 보냄 받은 자는 자기의 구상보다 보내신 이의 계획에 더 관심이 많다. 그러므로 우리를 새 천년의 사명자로 보내시는 하나님께 우리의 할 일에 대하여 물어보는 진지함이 필요할 것이다.

교회는 더욱더 본질적인 사명에 충실해져야 한다. 안디옥 교회를 향해 성령이 명령하셨던 "내가 불러 시키는 일"을 해 드릴 준비를 해야 한다. 이것저것을 모두 할 필요는 없다. 나를 통하여 하나님이 이루실 그 일에 우리의 삶을 집중해야 할 것이다. 보냄 받은 자의 마음으로 착륙하는 새 땅은 이미 미지의 땅이 아니다. 오직 우리를 보내신 그분이 모두 준비하고 있는 계획된 땅이요, 섭리의 땅일 뿐이다.

Y2K 문제 하나도 못 풀어서 쩔쩔매는 21세기의 인류 앞에는

수많은 위험과 복병들이 도사리고 있을 것이다. 그러나 보내는 자가 모두 채우시고, 인도하실 것이다. 주님이 부활하신 새벽에 무덤을 향해 가던 여인들이 '누가 돌을 굴러 주리요' 하고 걱정했으나 이미 무덤은 활짝 열려져 있었던 것처럼 우리 앞에 열리는 새 천년의 모든 돌문들이 우리를 보내시는 분에 의하여 이미 제거되어 있음을 믿고 착륙해야 한다.

정말로 그랬다. 비행기가 산티아고 공항에 착륙했을 때부터 모든 것이 보내신 분의 계획대로 진행되었다. 이미 길이 준비되어 있었고 사람이 준비되어 있었고 준비된 상황들이 펼쳐질 뿐이었다. 착륙 전의 불안과 설레임은 모두 필요 없는 것들이었다. 그저 보냄 받은 자의 사명에 충실했을 때 모든 것이 채워지는 것을 체험했다. 빌립보서 4장 13절 말씀이 새삼 떠오른다.

"내게 능력 주시는 자 안에서 내가 모든 것을 할 수 있느니라."

주님이 나와 함께하시는데 무엇이 두려워서 마음의 안정을 찾지 못했는지 잠시 주님께 부끄럽게 여겨졌다. 그렇다. 주님이 나와 함께 계신다. 새로운 땅이 아니라 준비되어진 땅에 내가 온 것이다. 이제 새 천년의 활주로가 펼쳐지고 있다. 불안과 염려를 접어 두고 주님께서 우리를 통해 이루실 일을 기대하며 모든 것을 주님께 맡기고 착륙을 준비하자. 보냄 받은 자의 담대함과 확신으로 새 천년의 활주로에 착륙하자.

러브호텔 공화국

　호텔은 원래 나그네들이 잠을 자며 일을 보는 곳이다. 그러나 러브호텔은 그 기능이 전혀 다른 곳에 초점이 모아진다. 이곳은 불륜의 장소로 활용되며 떳떳하지 못한 사람들의 만남의 장소로 사용된다. 그래서 정작 나그네들이 쉬려고 하면 푸대접 받는 곳이 러브호텔이다.

　변두리 한적한 곳에 세워졌던 러브호텔은 이제 버젓이 주택가 한복판으로 비집고 들어오고 있다. 무엇보다 기가 막힌 것은 학교 주변에 무차별로 세워지고 있는 일이다. 일산의 한 초등학교에서 바라보면 대여섯 개의 러브호텔이 시야에 들어오기도 한다. 어린이들이 그런 환경 속에서 무엇을 배울 것인가.

　단속할 근거법이 없다고 하여 무차별 허가해 준 행정당국의 처사가 너무도 답답하다. 법 이전에 상식적으로 생각해도 허가

해 줄 수 없는 일인 것은 삼척동자도 알 만한 일이다. 더욱 한심한 것은 돈만 벌면 무슨 업종이든지 상관없다는 업주들의 발상이다. 웬만한 러브호텔의 일년 수익이 20억대에 이른다고 하니 황금알을 낳는 거위로 보일 법도 하다. 그러나 돈이라고 다 돈이 아니다. 깨끗하게 땀 흘리며 번 돈이라야 귀한 돈이 될 수 있을 것이다. 그곳에 드나드는 사람 중에 제대로 된 사람이 있으면 찾아 보라. 러브호텔은 분류상 숙박업이지만 사실은 간음과 음란을 조장하는 악의 터전이라고 하면 너무 지나친 표현일까. 일산에서 일어나고 있는 러브호텔 건립 반대 시민 운동은 시민의 마땅한 권리 획득을 위한 운동이다. 이 일에 교회들이 함께 하여 목소리를 높이고 있는 것은 세상의 소금으로서 마땅히 할 일이라고 할 수 있다.

정부 당국은 주택가나 학교 주변의 러브호텔 건립을 허가하지 말라. 비록 법이 정한 몇 미터를 벗어났다고 해도 시야에 들어오고 있는 한 미래에 이 땅을 이어받을 주역들에게 미칠 엄청난 악영향을 고려해야 한다. 클린턴 미국 대통령의 섹스 스캔들의 원인도 어린 시절 러브호텔이 밀집한 곳에서 자랐던 그의 성장 환경에서 비롯되었다고 말하는 사람들이 있다.

너무 쉽게 번 돈은 너무 쉽게 날아갈 수 있다. 지금 또 하나의 러브호텔 설립을 구상하고 있는 사람들은 업종 변경을 고려해야 할 것이다. 아무리 돈 버는 일이 중요하지만 사회를 어지럽히고 가정을 깨뜨리는 일에 일조할 수는 없다. 이미 학교 주변이나 주택가에 세워진 러브호텔들은 시민단체나 행정자치 단체에서 매입하여 건전한 문화공간으로 만들 수는 없을까.

로마가 멸망한 이유를 정치적인 이유에서 찾지 않고 성적인 타락에서 찾는 역사의 교훈을 기억하고, 성적인 타락을 부추기는 러브호텔의 난립을 교회는 주시하고 소리 높여 경고할 책임이 있다. 한국 교회여, 소금의 역할을 잘 감당하라.

5장 남미선교

1992년 미국 시카고 세계선교대회에서
발표한 글

남미 선교의 어제·오늘·내일
(1992년 미국 시카고 세계선교대회 발표문)

라틴 아메리카는 항상 하나의 통일체라고 이야기할 수 있다. 이곳은 스페인과 포르투칼의 이베리아적인 문화 배경을 공통으로 가지고 있다. 이곳에는 3세기에 걸친 공통적인 역사가 있다. 그들은 다 같이 19세기 초에 독립 전쟁을 담보로 독립을 쟁취했다. 전체 라틴 아메리카 국가에 공산주의적인 조직이 보급되어 있으나, 진보적인 자유민주주의와 군부독재주의 사이에서 진통을 겪어온 점에서 유사성이 발견된다.

그러나 이러한 유사성들 안에는 상당한 차이가 발견된다. 콜롬비아는 스페인 전통이 강한 나라이다. 그런가 하면 페루, 볼리비아, 파라과이는 주로 인디언적인 나라이며, 칠레는 가장 유럽적인 나라라고 할 수 있을 것이다.

아르헨티나는 좀더 세계주의적인 나라이다. 대다수 저명인사들은 이탈리아 이름을 갖고 있다. 철도는 영국의 자본으로 부설되었고 상업적인 거래는 주로 미국을 상대하며 교육은 프랑스의 실존주의적인 전통을 따른다.

브라질은 인디언, 흑인, 포르투칼인, 독일인, 일본인을 위시해 여러 인종을 포함한 인종 전시장을 방불케 한다. 종교의 자유에 있어서는 비록 대부분의 나라의 헌법에 종교 자유의 대원칙이 명시되어 있지만 상당한 차이를 보인다.

멕시코, 브라질, 우르과이 등 10개국은 국가와 교회가 완전히 법률적으로 분리되어 있다. 베네수엘라와 하이티 등 5개국은 로마 가톨릭에 대한 정부의 지원을 다소 받고 있으며 콜롬비아와 페루는 로마 가톨릭을 그 나라의 공식적인 국교로 신봉하고 있다.

라틴 아메리카의 면적은 1,984만 1천㎡로 지구 면적의 14.6%를 차지한다. 인구는 3억 8천만 명으로 세계 인구의 7.8%이다. 그 가운데 순수 인디오 11%, 유럽인 42%, 흑인 6.9%, 혼혈족 40% 순이다. 종교 상황은 가톨릭 82%, 개신교 10.2% 인데 이 중 75%가 오순절 계통의 교인이다. 현재 11,262명의 선교사가 일하고 있다.

이미 세계 선교는 제3세계 교회 선교 주도기에 들어섰다는 사실은 여러 선교학자들의 공통된 의견이다. 라틴 아메리카는 제3세계 중에서도 세계 인구의 10분의 1이 살고 있다. 그 가운데 10분의 1 정도의 개신교 인구를 가진 라틴 아메리카가 차지하는 위치는 참으로 중요하다. 1916년 남미에 37만 8천 명 정도의 개신교인이 있었는데 현재 약 4천만 명으로 늘어나 개신교의 막강성(?)이 가톨릭의 큰 근심거리가 되고 있다.

그들에 따르면 하루 1천 명 이상이 가톨릭에서 나와 개신교로 들어가고 있다고 한다. 복음의 추수기를 맞이하고 있는 남미의 영적 상황을 같이 살펴봄으로써 세계 선교의 중요한 장이 되고 있는 남미 선교를 돕고 더욱 많은 관심과 기도를 통하여 수많은 선교 사명자들이 남미 선교 현장으로 투입될 수 있기를 바란다.

남미 선교

정복과 박탈의 땅, 남미

남미의 영적 상황을 이해하기 위해서는 모든 남미인들에게 공통적으로 뿌리박혀 있는 해묵은 역사적 응어리를 살펴볼 필요가 있다.

북미와 남미는 똑같이 이국인들에 의하여 세워지고 발전했으나 오늘날 그 양상은 너무나도 현저하게 다르다. 그것은 그 출발점에 있어서 근본적으로 다른 요소가 있기 때문이다.

북미는 이민자들에 의해 개척되는 과정 가운데서 이민자들의 가치와 문화, 전통 등이 그대로 이식되어 그 발전의 기틀이 되었다. 그러나 남미는 점령자들에 의해 정복되었으며 점령자들은 부의 착취에만 관심이 있었고 새 세계 건설 등의 가치에 관계된 동기는 거의 없었다. 이것은 그대로 오늘의 남미를 결정짓는 중요한 요소로 남게 된다.

예를 들면 정복 전쟁에 참여했던 사람들은 대부분 부랑자, 무식자, 일확천금을 노려 고향에 돌아가서 돈으로 귀족의 신분을 사기를 원했던 자들이었다. 멕시코의 정복자 콘트테스나 페루의 피사토 등은 자기의 이름도 쓰지 못했던 일자무식꾼들이었다. 고귀한 인류 문화유산의 가치 등을 이해하지도 못한 채 파괴하고 약탈하며 죽이는 형식의 정복으로 시작된 땅이 남미의 대부분을 차지한다. 이런 정복과 박탈의 역사적 유산으로 다음의 몇 가지 영향들을 보여 주고 있다.

1) 오래된 피해의식

남미인들은 피정복자들이 공통적으로 가지게 되는 피해의식의 영향권 안에 아직 머물러 있다고 볼 수 있다. 라틴 아메리카에서 활약하는 대부분의 선교사들은 미국 사람들인데 기독교인이든 비기독교인이든 이들 앞에서 경제적, 문화적 열등감을 느낀다. 노골적으로 표현하지는 않지만 그들을 향한 배타적인 모습은 오래된 식민지 잔재로 인한 피해의식의 표출이라고 하겠다.

복음적인 교회에 있어서 첫 번째로 중요한 것은 어떤 형식이든 간에 'USA 제품의 딱지'가 붙어 있는 외국 수입품이라는 혐의를 받지 않아야 한다는 것이다. 흔히 전통교회라고 불리는 장로교, 감리교, 침례교 등 외국에서 유입된 형식과 관습을 유지하고 있는 교회들이 남미에서 발전하지 못하고 있는 이유 중의 하나를 여기에서 발견할 수 있을 것이다.

'프로테스탄테'보다는 '에반헬리꼬(복음주의)'로 불리기를 좋아하는 펜테코스탈이 주류를 이루는 남미의 복음주의자들은 어떤 것의 창백한 복사품이 되는 것을 거부하고 있다. 그리고 저들이 발견한 기독교 신앙을 그들 나름대로 표현하는 자유로운 예배 형태를 가지고 있다. 이런 교회들이 남미에서 발전하고 있는 것은 하나의 좋은 증거라고 하겠다.

다른 한 예로 아르헨티나 사람들은 성부 하나님을 전할 때에는 큰 효과를 얻지 못한다. 그들은 '아버지'란 관념을 대단히 싫어한다. 그 이유는 스페인 사람들이 남미를 정복했을 때 인디언 남자들은 죽이고 여자들은 능욕 대상으로 삼아 자녀들을 낳았기 때문이다. 그러나 하나님을 '친구'로 전하면 매우 깊은 감화를 받는다. 이들은 친구를 매우 소중히 여기기 때문이다.

2) 뿌리의식 · 역사의식 · 가치관의 결여

남미만큼 역사의식과 뿌리의식이 결여된 땅도 드물다. 남미의 정복자들은 그들의 특성상 좋은 의미의 정신유산 및 문화유산을 남겨주기 어려웠다. 정복 이후 계속된 혼혈은 그들의 뿌리마저 혼동시키게 만드는 자기 정체성의 위기로 몰아갔다. 정복자들에 의해 해석된 식민사관은 그들의 진짜 뿌리가 되는 인디오를 경멸하게 만들었으며 그들을 무참하게 짓밟은 스페인 등을 '어머니의 나라'로 부르게 했다.

실제 남미인들을 향해 '혼혈족', '인디오'라고 부르면 대단히 싫어하며 스스로 '백인'이라고 생각하는 경향이 짙다. 미국 여행을 처음 한 형제가 미국 사람들이 자기를 보고 '남미인'이라고 부른다고 하며 "나는 백인인데 왜 그들이 그렇게 보는지 모르겠다"라고 말하면서 머리를 갸우뚱하는 모습에서 이런 뿌리의식의 결여를 읽을 수 있었다.

자기 정체성이 희미한 사람에게서 분명한 결단이나 헌신을 기대하기는 참으로 어렵다. 남미인들에게 전도하면 그들은 대단히 쉽게 복음을 받아들인다. 큰 부흥회가 있을 때마다 많은 사람들이 쉽게 초청에 의하여 앞으로 나아가지만 결코 그것을 심각하게 생각하지는 않는다. 목숨까지 바치며 믿음을 지키는 순교자적 신앙은 기대하기 힘들다. 신앙이 생활을 변화시키는 성숙한 모습이 희박한 것은 대부분의 남미 교인들의 경향이다.

3) 아직도 남아 있는 피지배 민족의 근성

남미인들은 정복자들에 의해 움직이는 피동적인 삶을 영위해 왔기 때문에 소극적이고 피동적인 모습을 갖게 되었다. 의타적이며 의존적인 경향이 있어 복음이 전해지고 교회가 세워져도 계속해서 복음을 전해 준 선교사들의 보호 아래에서 의존하려는 경향이 강하다. 그들의 자립의지는 대단히 약하다.

그들로 하여금 이런 피지배 민족의 근성을 탈피하고 스스로 자립하려는 자립의지를 심어 주는 것이 남미 선교의 중대한 과제가 되고 있다.

4) Nationalism(민족주의)

남미인들은 겉으로는 세계주의의 모습으로 모든 외국인들을 잘 받아들이는 것처럼 보이지만 그들 속에는 대단히 배타적인 민족주의 경향이 농후하다. 남미인들의 민족주의는 애국주의와는 구별되어야 한다.

한 예를 든다면 칠레 장로교회는 1964년 칠레 선교를 위해 오랫동안 사역해 왔던 미국 연합장로 교회와의 관계를 일방적으로 끊을 것을 선언하고 선교사들을 축출했으며 모든 선교 재산들을 그들의 소유로 삼았던 일이 있었다.

 이런 형태들은 피지배민으로 삶의 모습이 형성되어 왔던 남미인들의 자기 방어적인 배타적 민족주의의 표출이라고 볼 수 있다.

남미 가톨릭의 현주소

"북미의 개척자들은 그들의 손에 성경을 들고 왔고, 남미의 정복자들은 마리아상을 안고 왔다"라는 말은 남미 가톨릭의 이해를 돕는 함축적인 표현이라고 하겠다. 남미 정복의 역사와 함께 시작되어 남미인들의 삶에 깊은 영향을 미치고 있는 가톨릭은 남미의 영적 상황을 이해하는 열쇠가 되고 있다.

1) 남미 가톨릭의 출발

스페인 왕국은 700년 전쟁으로 모슬렘 교도들을 이베리아 반도에서 몰아냈다. 그들은 가톨릭 신앙에 열정을 쏟는 가스띠야의 이사벨 여왕과 아라곤의 훼르난도 왕의 결혼으로 국토를 강화했다. 이베리아 반도의 회복을 가능케 한 가톨릭적 중세 말엽 신앙은 무서운 열정과 폭력으로 새로운 정복지를 향하게 된 것이다.

  그러나 이러한 종교적 이유보다는 실질적으로 오랜 전쟁을 통해 입은 경제적 손실의 회복과 15세기 터키의 확장으로 콘스탄티노플이 점령됨으로써 전통적인 중동과 극동을 연결해 주는 길이 소아시아 지점에서 막히게 되자 이 통상의 길을 회복하려는 한 시도로서 그들의 남미 정복은 시도되었다. 이 정복을 위해 보내졌던 사람들은 단시일에 많은 재물을 획득하여 본국에 돌아가서 귀족의 신분을 매수하려는 부랑자와 무식쟁이가 대부분이었다. 이들 최초의 정복자들과 함께 종군신부들도 동행하게 되었다. 이들은 처음부터 순수한 선교의 목적보다는 식민지 정복을 위한 한 방편으로 사용된 경우가 더 많았다. 한 예로, 칠레 정복 전쟁이 진행될 때 남쪽 아라우꼬 인디언들의 강력한 저지로 더 이상 전진할 수 없게 되자 루이스 신부의 제안으로 화친을 위한 인디오 선교를 시도하기도 했다.

2) 가톨릭의 영향

  가톨릭 교회는 처음부터 중요한 권력을 쥐고 모든 면에서 그 영역을 확장해 나갔다. 특히 식민정부와 밀접한 관계를 가지면서 로마 교황청과 스페인 왕실의 비호 속에서 교회가 정부의 보호와 후원자로서의 역할을 할 것을 선포했다. 가톨릭의 역할도 그 영역을 넓혀가면서 사회 전반에 걸쳐 뿌리를 내리기 시작했다. 가톨릭의 영향은 종교의식에만 국한되는 것이 아니라 거의 광신적이라 할 만큼 정치 문화 전반에 뿌리내리고 있다. 수많은 가톨릭 성인들의 날이 공휴일인 것이 부지기수이며 그것을 당연하게 받아들인다.

전 세계의 가톨릭 교회 중에 가장 비가톨릭적인 교회가 남미의 가톨릭이라고 한다. 그것은 정복 초기부터 모든 선교의 목적이 정복에 있었으므로 원주민들이 가지고 있던 그들의 신과 의식에 가톨릭의 옷만 입혀 더욱 심각한 우상종교로 자리를 잡아가게 했다. 이런 잘못된 성지 숭배나 마리아 숭배 등은 남미인들로 하여금 더욱더 잘못된 여러 우상 종교로, 심지어는 사단 숭배에 이르는 길을 자연스럽게 제공해 주었다. 오늘날 남미 전역의 이름을 알 수 없는 갖가지 우상숭배, 사단숭배, 사교의식 등은 바로 그들의 생활 속에 다신주의적 가톨릭 신앙을 심어준 가톨릭 성당의 영향이라고 할 수 있다.

3) 마리아 정령신앙

남미 가톨릭은 한마디로 '마리아 정령신앙 종교'라고 할 수 있다. 한번은 거리에서 전도하다가 한 남미인을 만났다. 그에게 예수님을 소개하자 "하나님도 믿고 마리아도 믿지만 예수는 믿지 못하겠노라"고 말하는 것이었다. 그 말에 적지 않은 충격을 받았다. 가톨릭이 주장하는 마리아 신학인 마리아의 무죄한 잉태, 구속의 동역자 마리아, 하나님의 어머니 마리아, 기도의 중보자 마리아 등의 주장이 이곳 남미에서는 더욱더 노골적이며 열광적으로 신봉되고 있다.

각 성당마다 마리아를 향해 켜 놓은 촛불과 기도 응답에 대한 감사의 표시로 박은 동판들, 마리아 생일 때는 100km이상을 걷거나 무릎으로 기다가 피를 흘리며 실신하는 모습, 특히 가장 크고 화려한 마리아 동상 아래에서 품에 안겨 있는 아기, 혹은 십자가에 못 박힌 채 아직 부활하지 않고 고난 받는 예수님의 모습은 바로 예수가 마리아로 완벽하게 대치된 남미 가톨릭의 실상을 느끼게 한다.

4) 남미 가톨릭의 위기

지금까지 막강한 세력으로 남미 땅에 계속 군림해 왔던 가톨릭에 위기가 왔다. 적어도 아래 3가지 종류의 위기를 생각해 볼 수 있다.

① 신부의 절대 부족

1952년 당시 칠레는 1,836명의 신부가 있었다. 그 중 30% 정도가 외국 신부로 채워졌으나 오늘날은 50% 이상을 외국에서 온 신부로 충당할 수밖에 없는 실정이다. 실제로 신부가 없어서 평신도들이 인도하는 성당이 부지기수에 이르고 있다. 따라서 최근에는 신부의 결혼 문제를 심각하게 논의하고 있기도 하지만 실현되기는 어려울 것이다.

② 해방신학의 문제

남미의 해방신학은 로마 교황청을 근심시키고 있는 문제 가운데 하나이다. 상당수를 차지하고 있는 외국에서 온 신부의 대부분은 해방신학을 주장하는 자들이고 가톨릭 성당측은 이들을 경고하여 성당 분열에 대한 우려를 나타내기도 했다. 이미 옛소련 공산당의 몰락과 함께 세계적으로 공산주의는 그 빛을 잃어가고 있지만 '사회주의를 위한 기독교'를 주장하는 남미의 해방신학은 아직도 건재하다.

③ 개신교의 맹렬한 추격

가톨릭의 보고에 따르면 하루 1,000명 이상이 가톨릭을 나와서 개신교로 개종하고 있다고 한다. 1925년 당시 남미에는 약 38만 명의 개신교인이 있었으나 오늘날은 100%에 육박하는 4천만 명의 개신교인으로 크게 늘어났다. 8억의 전 세계 가톨릭이 개신교에 의해 추격당하게 되자 그들은 새로운 대책을 세우느라 고심에 고심을 거듭하고 있다.

5) 가톨릭 성당의 새로운 도전과 대책

제2차 세계대전 이후 세계는 큰 전환기를 맞이했다. 식민지들이 독립함으로써 억눌렸던 백성들이 깨어나기 시작했다. 특히 라틴 아메리카 여러 나라의 모습은 마치 일어나기를 준비하는 '잠자는 거인'의 모습이었다. 그들은 인권이 무엇인지를 이해하기 시작했고 사회정의에 관심을 가지기 시작했다.

① 제2차 바티칸 공의회(1962~1966)

당시 교황이었던 요한 23세는 "가톨릭의 교회를 폐기하는 것이 아니라 교회가 현대인을 대처하기 위하여 지혜롭게 변신할 필요가 있다"고 말하며 "새로운 공기가 교회에 들어오게 하자"면서 다음 사항을 결정했다.

- 성경을 자유롭게 읽게 하며 공부하게 하자.
- 다른 종교와도 관계를 가질 수 있다.
- 교회 사역에 있어서 평신도의 참여를 더욱 강화하자.
- 불쌍한 자들에 대한 관심을 더욱 가지자.

② 가톨릭 성령운동

가톨릭은 남미 전역에서 개신교의 80% 이상을 차지하고 있는 오순절 교회의 발전을 보면서 오순절 교회의 중요한 틀이 되고 있는 성령운동을 모방하기 시작했다. 물론 이 운동에 참여하고 있는 가톨릭 중에는 성경을 읽고 기도하면서 새롭게 거듭나는 긍정적인 측면도 없지 않다. 그러나 대부분의 사람들은 여전히 전통적인 가톨릭 교리의 틀을 벗어나지 못하고 있다.

캐빈 레너간의 저서 「가톨릭 오순절」에는 다음과 같은 충격적인 글이 있다. "성령의 세례는 마리아를 더욱 뜨겁게 사랑하게 하며, 교황을 마음속 깊이 존경하게 하고, 가톨릭 교회를 더욱 충실히 순종케 하며, 미사에 더욱 열심히 참석하게 해 주며, 성령세례를 증거하는 일에 더욱 큰 권능을 가지게 해 준다."

또한 이 운동에 참여하고 있는 한 신자는 "성령세례를 받기 전에는 신부들을 존경하지 않은 채 성찬식에 참여하게 되었다"고 고백하고 있다. 그들은 마리아를 가장 위대한 성령운동가로 말하면서 여전히 마리아를 구원의 중보자로 믿고 있다.

③ 새로운 전략

교황이 1983년 하이티에 갔을 때 그곳에서 라틴 아메리카 주교들과 특별회합이 있었다. 매스컴의 보도에 따르면 거기에서 논의된 가장 중요한 의제 중의 하나가 남미 개신교의 성장문제에 관한 것이었으며 어떻게 하면 남미 개신교 성장에 제동을 걸 것인가 하는 것이었다.

그때부터 시작하여 가톨릭 성당측은 개신교회가 하는 모든 방법을 모방하기 시작했다. 구역예배, 청소년 캠프, 전도부흥회, 방송전도, 심지어는 신유집회까지 흉내 내어 실시하고 있다. 한 번은 어떤 신부가 집회를 인도하면서 "여기 내 오른 편에 전립선이 문제가 있는 분이 있는데 성찬식을 통하여 주님이 치료해 주셨습니다. 일어나서 하나님께 영광을 돌리십시오", "여기 류마티스로 고생하는 부인이 계신데 지금 하나님이 고쳐 주셨습니다"라고 외쳤다. 이런 방식들은 남미에서 자주 사용하는 개신교의 신유집회 방식인데 그대로 모방하고 있는 것이다. 그뿐 아니라 개신교의 복음성가를 그대로 도입하여 미사 때 사용하고 있으며 기타까지 치면서 미사를 진행하는 모습은 이러한 의도를 피부로 느끼게 해 준다.

남미 선교

남미 개신교회의 현황

1) 괄목할 만한 성장

1900년경 남미에는 20만 명 정도의 개신교인이 있었으나 1985년 현재 10배 이상 증가한 3,500만 명으로 늘어났다. 이런 추세로라면 2000년에는 전 대륙 인구의 15%인 8,000만 명에 이를 것이다. 현재 브라질에 있는 개신교 인구(2,400만 명)는 유럽과 러시아 전체의 개신교 인구를 합친 것보다 많다. 실제 10.2%의 개신교 비율을 보여 주고 있는데 이 가운데 가장 많은 신자율을 가지고 있는 세 나라는 각각 과테말라(45%), 칠레(21%), 브라질(16%) 순이다. 명목상으로는 가톨릭이 82%의 신자를 가지고 있다고 하지만 실제 주일마다 교회에 출석하는 수는 개신교가 훨씬 앞서고 있는 것으로 추정되고 있다.

2) 개신교 중 75%가 오순절 계통 교회

남미 교회의 특징은 개신교의 75%를 오순절 계통의 교회가 차지하고 있는 데 있다. 남미 선교를 처음 시작한 교단들은 대부분 전통적인 교단들이었다. 그러나 그들은 남미 사회와 깊은 관계를 맺을 수 없었다. 가톨릭 전통이 남미 사회의 중대한 부분을 차지하고 있었기 때문이다. 지식층들은 개신교회에 깊은 인상을 받았지만 개신교의 갖가지 낯선 형식들은 그들을 깊은 믿음으로 이끌지 못했다. 인디언과 시골 사람들 역시 오래된 천주교 전통에서 벗어날 수 없었다. 그것은 그들을 보호해 주는 유일한 보호막이었기 때문이다.

그들에게 신교의 찬송과 설교들은 너무 지적이고 어려웠던 것이다. 학교와 교육을 통해 시작된 초기 개신교 선교는 민주주의 사교방식을 가르치면서 사회적 기여를 할 수 있었다. 완전 하층이 아닌 중하층의 사람들을 끌어 모을 수 있었으나 남미 사회의 중심을 관통할 수는 없었다. 선교사들에 의해 진행되었던 전통 교회의 선교 역사가 오순절 운동과 접목하면서 무산대중과 민중에 의하여 움직여나가는 역사로 계승된다. 따라서 오순절 교회를 대중적 개신교라고 볼 수 있다.

오순절 운동은 어떤 의미에서 교리도 아니고 교파도 아닌 어디까지나 하나님의 현상이다. 남미에서 기독교 내의 제3의 세력으로 불리며 가장 빨리 성장했고 가장 강력한 오순절 운동의 전형을 칠레 오순절 교회가 보여 주고 있다.

1902년 미국 선교사 후버 목사가 발파라이소 감리교회에 도착하여 주일학교 교사 특별수련회를 인도했다. 그가 사도행전을 교재로 가르치는 동안 한 교사가 "우리 교회가 사도행전에 나오는 성령 충만한 초대 교회처럼 되지 못하는 방해물은 무엇입니까?"라고 질문했다. 이때 후버 목사는 "전혀 없습니다. 그러나 걸림돌이 있다고 하면 그것은 바로 우리 자신들일 뿐입니다"고 대답했다. 이 질문과 함께 말씀과 기도와 회개가 같이 시작된 성령의 대부흥 운동은 교회를 부흥시켰고 성령이 충만한 교인들은 성전에 머물지 않고 성령의 능력에 붙잡혀 거리로 나가서 "하나님께 영광을!"이라고 외치면서 간증하며 전도했다.

급기야는 이 운동이 감리교회로부터 '이단'이란 규정을 받고 후버 목사가 추방을 당하면서 교단을 형성하게 되었다. 이것이 칠레 교회의 80%를 점했는데, 한 교회는 7만 명의 성도를 가진 세계에서 두 번째로 큰 칠레 오순절 교회이다. 전통교회 내에서 성령 운동이 일어났으나 그것을 소화하고 부흥을 에너지화하여 지금까지 계속하고 있는 한국 교회의 경우와 비교하면 재미있는 대조가 될 것이다.

이렇게 오순절 교회가 남미 전역을 석권하고 있는 이유는 첫째, 다수 민중들이 오순절 운동을 이미 경제 사회저으로 우위를 점하고 있는 자들을 향한 항의적 운동으로 여기면서 이 운동을 민중의 피난처로 받아들이고 있기 때문이다. 특히 가톨릭 교권 세력을 향하여 모두 하나님 앞에서 동일하다고 표현할 수 있었을 뿐 아니라 가진 자와 배운자에 의해 소외되는 세층으로서 전혀 상류계층으로 진입할 수 없는 현실에 대한 항의적 성격이 있었기 때문이다.

둘째, 남미 오순절 운동의 성장과 발전은 공동체를 갈망하는 종교 심리적 원인에도 깊이 연결된다. 오순절 운동은 그 조직과 방법과 내용이 남미 상황에서 붕괴된 그들의 공동체에 훌륭한 대안이 되었기 때문이다.

셋째, 오순절 운동은 남미인들의 구체적인 삶의 문제에 해답을 제공한다. 이 운동은 장애가 없고 절망적인 상황에 살고 있는 많은 대중들에게 소망과 기쁨을 준다. 예배에 참여한 사람들은 짧은 시간에 깊이 빠진다. 큰 열정으로 찬송하고 기도하며 춤을 춘다. 그들의 얼굴에 소망과 기쁨이 충만하다. 예배 후 그들은 변화된 모습으로 나오며 그들의 어려운 현실에 직면할 수 있는 충분한 힘을 얻게 된다. 그들의 조직과 예배 형식, 메시지는 바로 남미 대중의 필요성을 채워주고 있기 때문이다.

넷째, 오순절 운동의 형식과 표현 방식이 그들의 문화에 적합하다. 남미인들은 대부분 감정적인 경향이 짙어 딱딱한 형식을 싫어한다. 정적인 예배보다는 동적인 예배를 좋아하며 율동적인 음악을 좋아한다. 칠레의 경우 엄숙하고 무거운 형식을 가진 전통교회의 비율이 전체 개신교의 5%에 지나지 않는 것이 이를 잘 보여 주는 증거라고 하겠다. 복음의 내용은 결코 변할 수 없으나 전하는 형식과 방법은 그 민족에 맞게 토착화되어야 할 것이다.

다섯째, 자립·자치·자전도의 3자(自) 원칙의 정신을 지키고 있다. 칠레의 경우 오순절 운동의 출발부터 선교부에서 축출 당하여 어쩔 수 없이 그들은 스스로 자립하는 법을 배우지 않으면 안 되었다. 그러나 이것이 바로 그들의 부흥의 동기가 된 것은 역사의 아이러니라고 하겠다. 그러나 같은 오순절 계통이라 해도 선교사에 의해 세워지고 지금까지 선교부의 지휘 하에 있는 교회들이 아직도 크게 발전하지 못하고 있는 것은 주목할 만한 현상이라 하겠다.

오순절 교회는 처음부터 외부의 간섭 없이 자치적으로 운영하는 교회였다. 처음에 선교사에게 이끌려서 전도하는 것을 배웠던 그들은 오순절 운동의 시작과 함께 그들 스스로가 나가서 전도하기 시작했다. 성령으로 충만해진 그들은 능력으로 넘쳐서 아이들도 남자들도 여자들도 누구의 강요 없이 성령의 힘에 이끌려 밖으로 나가 거리에서 목청을 돋우어 전도했다. 그들의 친구나 이웃들에게 복음을 전했으며, 그들의 놀라운 간증을 나누기 위해 사도행전의 사도들처럼 먼 곳으로 여행했다.

3) 전통교회의 침체

칠레의 경우 제일 먼저 선교를 시작한 교단이 장로교단인데 지금은 가장 작은 교단의 하나로 통계에조차 등장하지 않는 위치로 전락했다. 감리교회 역시 선교 역사만을 자랑하는 침체된 교회의 모습을 보여 주고 있다.

그 이유로는 교회의 분열, 신학교육의 부재, 민족주의, 자립의지와 개척성신의 부족 등을 들 수 있다. 특히 천성이 낙천적이라 얽매이는 것과 격식 갖추기를 싫어하는 남미인들의 성품으로 볼 때 전통교회의 형식이나 조직들이 그들에게 적합한 이유로 작용했을 것이다. 남미의 전통교회 소속 선교사들은 그들에게 자립 의지와 개척 정신을 심어주고, 남미인들에게 맞는 형식과 방법을 개발하며, 그들이 올바른 영성과 열정을 가진 교회로 성장하도록 도와야 할 것이다.

4) 전통교회와 오순절 계통 교회의 양분

남미에서 전통교회와 오순절 계통 교회 사이에는 거의 교류가 없다. 이들 두 교회는 서로 다른 개신교를 보여줌으로써 남미 사회에 비춰지는 개신교 위상 정립에 큰 어려움을 제공하고 있다.

전통교회는 철저하게 오순절적 요소를 배격하고 있다. 그들은 전도하지 않으면서 노방전도하는 오순절 교인들을 보고 비웃는다. 그들은 사변적인 논쟁을 좋아하며 형식에 치중한다.

오순절 계통의 교회는 전통교회적 요소를 백안시하고 있다. 그들은 급격히 성장했으나 말씀의 바탕이 없고 신학이 없다. "의문은 죽이는 것이요"라는 말을 그대로 적용하여 "공부하는 것은 영혼을 죽이는 것이다"는 말을 공공연히 하고 있다. 말씀과 신학적인 무지로 복음이 혼탁해지며 많은 이단에 쉽게 넘어가고 있다. 사실 교회가 교회 되기 위해서는 반드시 이 두 요소를 함께 가지고 있어야 한다. 전통교회적인 확고한 신학의 정립 없이 교회는 건전하게 발전할 수 없다. 동시에 교회는 성령의 역사 속에서 이루어졌던 오순절적 영성이 함께 갖추어져야 한다. 이들을 나누어 버릴 때 이미 교회는 교회로서의 특성과 능력을 잃어버릴 것이다. 전통교회와 오순절적 영성을 거의 함께 가지고 있는 한국 교회의 선교사들은 바로 남미의 이러한 영적 불균형 상태를 바로 잡고 '머리는 차가우나 가슴은 뜨거운' 건전한 교회로 성장시키는 일을 하기에 적합한 조건을 가졌다고 할 수 있다.

5) 남미 개신교 세력의 정치 세력화 추세

개신교인이 50%에 육박하고 있는 과테말라의 경우 대통령으로 개신교인이 선출되었다. 참모들이 개신교인들인 페루의 후지

모리도 개신교의 지지로 대통령에 당선되었다. 칠레의 경우 피노체 군부 독재정권 당시 오순절 감리교회가 주축이 된 목사 협의회가 피노체 지지 성명을 발표했고 그의 재임기간 동안 많은 혜택을 받은 일도 있다. 교회가 정치에 이용당하지 않아야 하며 어떤 경우에도 복음의 우선권이 뒤바뀌지 않아야 할 것이다.

6) 사회정의와 경제 문제에 빛과 소금의 역할을

어떤 교파는 거의 무시하며 언급하지도 않고, 어떤 교파는 너무 심각하게 해방신학의 가치를 들고 참여하고 있는 양극화현상을 보여 주고 있다. 남미 교회는 '교회의 사회에 대한 예언적 기능'을 무시하고 말고 소홀히 하지 않아야 한다.

7) 가톨릭의 핍박은 아직도 상존

공식적인 가톨릭의 핍박은 없다고 할지라도 사회구조적인 간접적 핍박과 함께 일부 지역에서는 가톨릭 광신자들에 의한 핍박이 계속되고 있다.

가톨릭 공산당 게릴라에 의한 핍박으로 나카라과, 과테말라, 엘살바도르, 페루, 콜롬비아 등지에서 교회가 파괴되며 목사들이 살상되고 많은 교인들이 지금도 목숨을 잃고 있다.

8) 남미적·성서적 건전한 신학교 확립 급선무

남미 교회는 해방신학과 세속주의, 공산주의의 와중에서 자기 정체성 확립을 위해 고통을 겪고 있다. 여기서 필적할 수 있는 지극히 남미적인 그러나 성서에 그 바탕을 둔 건전한 신학을 확립해야 하는 것이 급선무이다.

9) 교파주의 극복 절실

여러 다른 교파의 선교사들에 의하여 밖에서 들어온 교파주의 때문에 남미 교회가 중병을 앓고 있다. 선교사는 자기 교파를 전하고 확장시키는 것이 아니라 그리스도의 복음을 전하고 하나님의 나라를 확장하는 자들이다.

어느 지역보다 교회의 연합운동이 요구되며 교파주의의 극복이 절실한 문제로 떠오르고 있다.

남미 선교의 과제

1) 철저한 3자 정책(자립·자치·자전도)에 따른 선교책 수립

'고기 한 마리를 주지 말고 잡는 법을 가르쳐주라'는 식의 선교정책을 수립해야 한다. 남미인들에게 필요한 것은 더욱 많은 물질적 도움이 아니라 그들로 하여금 하나님 나라 건설의 사명을 느끼게 하고 스스로 이 사역에 동참케 하며 책임질 수 있도록 자신감을 심어 주는 것이다. 어려워도 그들 스스로 일어나고, 유지하며, 그들의 피와 땀과 눈물로 그들의 사명을 감당할 수 있도록 동기를 유발시키고 격려해야 할 것이다.

2) 중산층 이상의 전도

남미에서 가장 복음이 스며들지 않고 있는 계층은 바로 지식층과 중산층 이상의 그룹들이다. 대부분의 중하층은 이미 수없이 많은 복음을 듣는 기회를 가졌고 복음의 사정권 안에 있다. 그러나 중산층은 아직도 복음을 전해 들어야 하는 계층으로 남아 있다. 그들을 위한 특별한 전략이 연구, 수립되어야 한다. 현재 개신교 복음의 수준과 문화에서 볼 때, 그들은 앉을 자리를 발견하기 어려운 상황에 있다.

3) 대학생 전도

대학생 그룹 역시 도달하지 못한 그룹이다. C.C.C.나 네비게이토 같은 대학생 선교의 필드가 강화되어야 한다. 교회들도 그들을 위해 배려하고 자리를 마련하는 노력을 해야 한다.

4) 복음의 취약지들

파라과이, 우루과이, 베네수엘라 등에서의 복음화율은 3% 미만으로 극히 저조한 상태이다. 이들을 향한 기도와 정책이 필요하다.

5) 복음을 듣지 못하는 사람이 무려 100만 명

콜롬비아, 베네수엘라, 멕시코 등의 여러 부족들은 지형적인 고립, 반기독교적인 인류학자들의 반대, 마약 운반을 맡은 마피아들의 지역 봉쇄 등의 이유로 지금까지 복음을 들을 기회를 갖지 못하고 있다. 이들을 위하여 기도하며 서둘러 대책을 마련해야 한다.

6) 지도자 양성과 제자훈련의 시급성

남미인들의 특성상 교인들은 많으나 훈련된 지도자와 헌신하는 일꾼, 특히 제자의 삶을 살고 있는 자들은 너무 적다. 힘들고 더딘 일일지라도 지도자를 양성하고 제자를 훈련하여 내일의 남미 교회를 그들이 책임지게 해야 한다. 사회 속에서 참된 제자의 모습을 보여 주는 성숙한 그리스도인의 삶을 살아가도록 그들을 훈련시켜야 한다.

7) 남미인 선교사 파송

남미는 제3세계 중에서 중요한 부분을 차지하고 있다. 특히 남미인들은 선교사로서의 적합한 자질을 가지고 있다. 그들은 이미 2개 이상의 문화 속에서 살고 있다. 오늘날 가장 시급한 선교지가 되고 있는 스페인, 포르투칼, 아랍 등에 혈연적, 문화적인 접목점을 많이 가지고 있다. 유럽적인 모습에 색깔은 동양적이며 성품은 복합적이다. 이러한 점은 어느 지역의 선교지에도 잘 조화할 수 있는 장점이 된다. 그들은 얼마 안 되는 생활비로도 잘살 수 있는 능력을 갖추고 있다. 남미인들을 세계 선교의 무대로 파송해 세계 선교의 귀중한 '선력'으로 만들자.

판권
소유

땅 끝에서 부르는 소리
- 발로 뛴 선교 이야기 -

2007년 11월 20일 인쇄
2007년 11월 26일 발행

지은이 | 허원구
발행인 | 이형규
발행처 | 쿰란출판사

주소 | 서울 종로구 이화동 184-3
TEL | 02-745-1007, 745-1301, 747-1212, 743-1300
영업부 | 02-747-1004, FAX / 02-745-8490
본사평생전화번호 | 0502-756-1004
홈페이지 | http://www.qumran.co.kr
E-mail | qumran@hitel.net
          qumran@paran.com
한글인터넷주소 | 쿰란, 쿰란출판사

등록 | 제1~670호(1988.2.27)

책임교열 | 임영주 · 최진희

값 10,000원

ISBN 978-89-5922-465-4 03230

* 이 출판물은 저작권법에 의해 보호를 받는 저작물이므로 무단 복제할 수 없습니다.
  잘못된 책은 교환해 드립니다.